大学韓国語演習

金東漢 著

白帝社

はじめに

　本書は、主に大学や短期大学などで初習外国語科目として９０分間の韓国朝鮮語講義を週に２コマ以上履修する学生達を対象にした内容になっている。

　つまり、初級レベルの文法、会話、または文法・会話、さらに総合の授業で学んだ基礎知識の応用・発展とその定着を図るための、会話に重点を置いた演習用教材である。

　具体的には、PartⅠの「文字と発音」には、ハングル文字の学習の後に発音の変化やそのルールなどが詳細に書かれているので、一度勉強した後も繰り返し確認しながら、音声教材と共に大いに活用していただきたい。

　PartⅡの「実用会話」は、第1課から第20課まであり、各課に1 基礎表現 、2 基本練習 、3 発展練習 、4 応用練習 を置く構成になっている。

1 基礎表現 ：各課で学ぶ文法事項の説明と、挨拶などの言い回しをここに載せた。文型積み上げ方式での文法事項の説明に対する念入りな確認と、様々な言い回しの丸暗記をお願いしたい。
2 基本練習 ：すでに学んだ内容とそれぞれの課の基礎表現に新しく出た内容を利用して簡単な会話文を作る練習。
3 発展練習 ：主に新出の文法内容の熟知と定着のための練習で、各文は可能な限り口語体の形を選んだ。
4 応用練習 ：より滑らかで自然なコミュニケーションを楽しむための練習で、そのほとんどが問答形式の会話文になっている。 応用練習 は、各学習者やグループに合わせて省略するか先に延ばすなど、工夫しながら対処していただきたい。

　各練習問題では、その答えをテキストに直接書き込むことができるように、2 基本練習 には四角いブランクを、3 発展練習 と4 応用練習 にはアンダーラインを用意した。答えを確認した後は、口頭練習に努め会話力の向上に励んでほしい。

　最後に、拙著の刊行まで多大な指導鞭撻をいただいた同僚の生越直樹先生と、まだ試用版の段階の教材で四苦八苦しながらも一生懸命学業に邁進してくれた東大の学生諸君、的確な指摘とアドバイスで大変お世話になった白帝社の伊佐順子さんをはじめ、いろいろ力になってくださった皆様に、この場を借りて深い感謝の意を申し上げたい。

2013年　秋　駒場にて　　　金東漢

目 次

Part I 문자와 발음(文字と発音)

第1課 한글(ハングル)の母音字 ………………………………………………………… 2
      1 基本母音　　2 合成母音
      3 母音字(21個)の配列順〈辞書に出てくる順番〉

第2課 한글(ハングル)の子音字 ………………………………………………………… 4
      1 基本子音　　2 濃音
      3 平音・激音・濃音の区別　　4 子音字の配列順と名称

第3課 받침(パッチム)について ………………………………………………………… 6
      1 받침(パッチム)とは　　2 初声・中声・終声
      3 サンパッチム (쌍받침)　　4 キョッパッチム(겹받침)
      5 パッチムの発音(받침의 발음)　　6 代表音

第4課 発音の変化 ………………………………………………………………………… 8
      1 「의」の発音　　2 「ㅖ」の発音
      3 濃音に変わる例　　4 頭音法則
      5 「ㅎ(히읗)」音の弱音化/無音化　　6 샤・셔・쇼・슈・시の発音に注意
      7 져・죠・재・쳐・쪄の発音

第5課 発音のルール …………………………………………………………………… 12
      1 有声音化　　2 連音化
      3 口蓋音化　　4 激音化
      5 濃音化　　6 側音化
      7 鼻音化　　8 流音〈ㄹ(리을)〉の鼻音化
      9 「ㄴ(니은)」音の添加　　10 パッチムの「ㅇ」+母音の場合の発音

第6課 교실에서 쓰는 표현(教室で使う表現) ………………………………………… 16

Part II 실용회화(実用会話)

第1課　用言の「합니다」体 ……………………………………………………………… 18

　1　体言〈名詞・代名詞など〉+です。/ですか。:
　　　　　　　　　　　　　　　～예요./예요?・～이에요./이에요?

　2　用言〈動詞・形容詞・存在詞・指定詞〉の「합니다」体:
　　　　　　　　　　　　　　　～ㅂ니다./ㅂ니까?・～습니다./습니까?

　3　～と言います。/～と申します。: ～(이)라고 해요./합니다.

　4　助詞: ～が(가/이)、～は(는/은)、～を(를/을)、～で(로/으로)

　その他: 初対面の挨拶など

第2課　用言の「해요」体 ……………………………………………………………… 24

　1　用言の「해요」体: ～아요./아요?・어요./어요?・해요? 해요.

　2　～ではありません(か)。: ～가/이 아니에요.(요?)/아닙니다.(까?)

　3　助詞: ～も(도)、～と(①하고　②랑/이랑　③와/과)

　その他: 感謝の意を表す表現と別れる際の言い方など

第3課　過去形 ……………………………………………………………………………… 30

　1　過去形

　2　動作の進行: 動詞の語幹+고 있다(～ている)

　3　位置や場所の限定や起点の意を表す助詞:
　　　　　　　　　　　　　　　～に(에)、～で・にて(에서)、～から(에)

　4　副詞: 그리고(そして)、그런데(ところで、ところが、けれども)

　その他: 安否の伝言を頼む表現

第4課　「5W1H」와「얼마」 ……………………………………………………………… 36

　1　「5W1H」와「얼마」

　2　注意すべき助詞の使い方

　3　副詞: 그래서(それで、そういうわけで)
　　　　　　그렇지만(そうだけれども、だが、だけど)

　その他: 安否の確認の表現など

第5課　尊敬形 42
　1　尊敬形Ⅰ：〜(으)세요./요? (〜されます〈か〉、お〜です〈か〉)
　2　尊敬形Ⅱ：〜(으)세요. (お〜ください、〜してください)
　3　名詞・代名詞+(이)세요./요?：〜でいらっしゃいます〈か〉、〜です〈か〉
　4　特殊な尊敬語
　その他：お名前の尋ね方

第6課　漢数詞 48
　1　漢数詞
　2　年月日
　3　曜日
　4　오늘(今日)と、その前後の日々
　5　仮定・条件の「〜(으)면」：〜れば、〜たら、〜と
　6　名詞・代名詞+(이)(라))면：〜であれば、〜だったら、〜なら
　7　〜(으)면 되다：〜ればいい、〜たらいい
　8　〜(으)면 안 되다：〜くてはならない/いけない、
　　　　　　　　　　　　〜してはいけない/ならない
　その他：謝罪の表現など

第7課　固有数詞 54
　1　固有数詞
　2　助数詞
　3　時刻の言い方
　4　年齢の言い方
　5　「〜から〜まで」の意を表す助詞

第8課　否定形と不可能形 60
　1　「으」変則
　2　否定形
　3　不可能形
　4　「名詞+하다」動詞
　5　否定形と不可能形の対照
　6　存在詞と指定詞の否定

第9課　願望や逆接 66

　　1　～고：～て、～し

　　2　～고 싶다：～したい〈1・2人称主語の願望〉

　　3　～고 싶어하다：～したがる〈3人称主語の願望〉

　　4　～지만：～が、～けれども〈逆接〉

　　5　～ㅂ/습니다만：～ですが、～ますが

　　6　このまま覚えよう！

第10課　意志と推量 72

　　1　～ㄹ/을까요？：①～しましょうか〈聞き手の諾否を尋ねる〉

　　　　　　　　　　　②～でしょうか〈3人称主語の場合は疑問・推量〉

　　2　～ㄹ/을 거예요./？：①～するつもりです(か)〈意志〉

　　　　　　　　　　　　 ②～(する)でしょう〈推量〉

　　3　「ㅂ(비읍)」変則

　　4　「ㄹ(리을)」語幹

第11課　移動の目的や選択 78

　　1　～(으)러：～(を)しに、～(を)するために〈移動の目的〉

　　2　体言+(이)라도：～でも〈満足に思われない対象の選択〉

　　3　羅列や選択の表現　1) 体言+(이)나：～や～、～か～、～または～、～あるいは～

　　　　　　　　　　　　2) 用言+거나：～(し)たり～する、～(する)か～する

　　4　～ㅂ/읍시다：～しましょう〈積極的な提案〉

　　5　～(으)려고 하다：～しようと思う、～するつもりだ

第12課　連用形と連用形を含む表現 84

　　1　用言の연용형(連用形)：～て

　　2　연용형+있다：～ている/〈状態の進行〉

　　3　연용형+보다：～てみる〈試みの表現〉

　　4　연용형+주다：①～てあげる　②～てくれる

　　5　～(으)면서(도)：～(し)ながら(も)〈同時進行〉、～でありながら(も)

　　6　～네요：～ですね、～ますね

　　7　「ㄷ(디귿)」変則

第13課　推移の表現など ··· 90

1. ～아/어지다：～(く)なる〈推移の表現〉
2. ～아/어하다：～がる
3. ～아/어 버리다：～(し)てしまう
4. 「ㅅ(시옷)」変則

第14課　義務や譲歩・仮定 ·· 96

1. ～아야/어야/해야 되다/하다：～しなければいけない、
　　　　　　　　　　　　　　～でなければならない〈義務〉
2. ～아도/어도/해도 되다/좋다/괜찮다：
　　　　　　　　　　　　～(し)てもいい/ (く) てもいい〈譲歩・仮定〉
3. ～다가：～(を)していて、～(を)する途中
4. 「ㄹ」変則

第15課　原因・根拠や先行動作・前置と禁止 ·· 102

1. ～아서/어서/해서：1)～ので〈原因・根拠〉/2)～(し)て〈先行動作〉
2. ～(으)니까：1)～から・～ので〈理由〉/2)～すると・～(し)たら〈前置き〉
3. 禁止の意を表す表現
　　1)～지 마(라)：～(す)るな　　2)～지 마요：～しないで下さい
　　3)～지 마세요：～しないで下さい・～なさらないで下さい
　　4)～지 마십시오：～なさらないで下さい
4. 「ㅎ(히읗)」変則

第16課　「기」を含む表現と理由や目的など ·· 108

1. ～기도 하다：～することもある、～したりする
2. ～기로 하다(정하다/약속하다)：～することにする(決める/約束する)
3. 1)～기 좋다：～しやすい/～するのにいい
　　2)～기 쉽다：～しやすい/～しがちだ
　　3)～기 어렵다：～しにくい/するのが困難だ
4. ～기 때문에：～するから、～なので〈理由〉
5. ～기 위해(서)：～するために〈目的〉
6. 比較と限定

第17課　動詞の連体形など 114

 1 동사의 연체형 : 動詞の連体形

 2 動詞/있다＋ㄴ/은 지 : ～して(から)〈時間の経過〉

 3 動詞/있다＋ㄴ/은 적이 있/없다 : ～したことがある/ない〈経験の有無〉

 4 1) 体言＋전에 : ～の前に

   2) 動詞/있다＋기 전에 ～する前に

 5 体言＋후에/뒤에 : ～の後に

 6 動詞/있다＋ㄴ/은 후에/뒤에 : ～した後に

第18課　形容詞の連体形など 120

 1 형용사의 연체형 : 形容詞の連体形

 2 形容詞＋ㄴ/은지 : ～(である)のか

 3 形容詞＋ㄹ/을 테니까 : ～(である)だろうから〈推量の意を表す表現〉

 4 動詞＋ㄹ/을 테니까 : ～する(つもりだ)から

    〈1人称主語の意志の意を表す表現〉

第19課　存在詞・指定詞の連体形など 126

 1 존재사・지정사의 연체형(存在詞・指定詞の連体形)

 2 用言の連体形＋것 같다 : 用言＋ようだ〈推量・確実ではない断定〉

 3 用言の連体形＋지(도) 모르다 : 用言＋かも知れない

    〈可能性に対する疑問・状況にに対する心配〉

第20課　意志・意図・約束や可能・不可能の表現 132

 1 助詞 1)～처럼(은) : ～のように(は)、～と同じように(は)、～ほどに(は)

   2)～만큼(은) : ～ほど(は)、～と同じ程度に (は)

 2 動詞＋ㄹ/을게요 : ～します(から)〈話し手の意志・意図・約束の表現〉

 3 ～ㄹ/을 수 있/없다 : ～することができる/できない

    〈可能・不可能の意を表す〉

 4 ～ㄹ/을 줄 알/모르다 : ～をする方法・やり方を知っている/知らない

    〈能力の有無の意を表す〉

〈記号の説明〉

1. [　]：各語彙の発音は[　]の中に入れた。
2. (　)：①日本語訳、②韓国語訳、③語彙や文の意味や訳、
　　　　④活用形の提示の他、⑤ハングルの子音字の名称も(　)の中に入れた。
3. 《　》：省略可能な部分は《　》の中に入れた。
4. 〈　〉：別途の①文法事項、②練習問題の指示、③参考内容などが必要な場合は、
　　　　その都度、〈　〉の中に入れた。

Part I 문자와 발음(文字と発音)

第1課 한글(ハングル)の母音字

1 基本母音：10個

① 아 [a]：口を大きく開いて日本語の「ア」と同じように発音する。

② 야 [ja]：日本語の「ヤ」とほとんど同じ発音。이+아の発音。

③ 어 [ɔ]：口を大きく開いて「オ」を発音する。舌は少し奥へ引き寄せる。

④ 여 [jɔ]：口を大きく開いて「ヨ」を発音する。이+어の発音。

⑤ 오 [o]：唇を丸めて突き出しながら「オ」を発音する。

⑥ 요 [jo]：唇を丸めて突き出しながら「ヨ」を発音する。이+오の発音。

⑦ 우 [u]：唇を丸めて突き出しながら「ウ」を発音する。

⑧ 유 [ju]：唇を丸めて突き出しながら「ユ」を発音する。이+우の発音。

⑨ 으 [ɯ]：唇を横に引いて「ウ」を発音する。

⑩ 이 [i]：日本語の「イ」とほとんど同じ発音。

2 合成母音：11個

① 애 [ɛ]：唇を横に引いて「エ」を発音する。

② 얘 [jɛ]：唇を横に引いて「イエ」を発音する。이+애の発音。

③ 에 [e]：日本語の「エ」とほとんど同じ発音。

④ 예 [je]：日本語の「イエ」とほとんど同じ発音。이+에の発音。

⑤ 와 [wa]：日本語の「ワ」とほとんど同じ発音。오+아の発音。

⑥ 왜 [wɛ]：唇を横に引いて「ウエ」を発音する。오+애の発音。

⑦ 외 [we]：오+이の発音。しかし実際には「웨」とほとんど同じように発音する。

⑧ 워 [wɔ]：日本語の「ウォ」とほとんど同じ発音。우+어の発音。

⑨ 웨 [we]：日本語の「ウエ」とほとんど同じ発音。우+에の発音。

⑩ 위 [wi]：日本語の「ウイ」とほとんど同じ発音。우+이の発音。

⑪ 의 [ɯi]：基本的には「으+이」を素早く発音する。

3 ハングルの母音字(21個)の配列順〈辞書に出てくる順番〉

1 아→애 ⇒ **2** 야→얘 ⇒ **3** 어→에 ⇒ **4** 여→예 ⇒

5 오→와→왜→외 ⇒ **6** 요 ⇒ **7** 우→워→웨→위 ⇒

8 유 ⇒ **9** 으→의 ⇒ **10** 이

第2課 한글(ハングル)の子音字

1 基本子音

① ㄱ [k/g]：日本語の「カ」行とほとんど同じ発音。

② ㄴ [n]：日本語の「ナ」行と同じ発音。

③ ㄷ [t/d]：日本語の「タ」行とほとんど同じ発音。

④ ㄹ [r]：日本語の「ラ」行とほとんど同じ発音。

⑤ ㅁ [m]：日本語の「マ」行と同じ発音。

⑥ ㅂ [p/b]：日本語の「パ」行よりやや弱い発音。

⑦ ㅅ [s/ʃ(i)]：日本語の「サ」行と同じ発音。[i/j]の前では[ʃ]になる。

⑧ ㅇ [-]：母音字の前では音価がない〈ゼロ音価〉。

⑨ ㅈ [ʧ/ʤ]：日本語の「チャ、チュ、チョ」の子音よりやや弱い発音。

⑩ ㅊ [ʧʰ]：激しい息を出しながら⑨の「ㅈ」行を発音する。

⑪ ㅋ [kʰ]：激しい息を出しながら①の「ㄱ」行を発音する。

⑫ ㅌ [tʰ]：激しい息を出しながら③の「ㄷ」行を発音する。

⑬ ㅍ [pʰ]：激しい息を出しながら⑥の「ㅂ」行を発音する。

⑭ ㅎ [h]：日本語の「ハ」行よりやや激しい発音。

2 濃音

① ㄲ [ʔk]：日本語の「カ」行を喉を詰まらせるようにして発音する。

② ㄸ [ʔt]：日本語の「タ」行を喉を詰まらせるようにして発音する。

③ ㅃ [ʔp]：日本語の「パ」行を喉を詰まらせるようにして発音する。

④ ㅆ [ʔs]：日本語の「サ」行を喉を詰まらせるようにして発音する。

⑤ ㅉ [ʔtʃ]：日本語の「チャ、チュ、チョ」のような子音を喉を詰まらせるようにして発音する。

3 平音・激音・濃音の区別

1) 平音：息が若干出る程度の平らな音　　ㄱ　ㄷ　ㅂ　ㅅ　ㅈ

2) 激音：激しい息を伴う音　　ㅋ　ㅌ　ㅍ　－　ㅊ

3) 濃音：息を殆ど出さずに
　　　　喉を詰まらせながら出す音　　ㄲ　ㄸ　ㅃ　ㅆ　ㅉ

4 子音字の配列順と名称

1 ㄱ：기역 → ㄲ：쌍기역 ⇒ **2** ㄴ：니은 ⇒ **3** ㄷ：디귿 → ㄸ：쌍디귿 ⇒

4 ㄹ：리을 ⇒ **5** ㅁ：미음 ⇒ **6** ㅂ：비읍 → ㅃ：쌍비읍 ⇒

7 ㅅ：시옷 → ㅆ：쌍시옷 ⇒ **8** ㅇ：이응 ⇒ **9** ㅈ：지읒 → ㅉ：쌍지읒 ⇒

10 ㅊ：치읓 ⇒ **11** ㅋ：키읔 ⇒ **12** ㅌ：티읕 ⇒ **13** ㅍ：피읖 ⇒ **14** ㅎ：히읗

第3課 받침(パッチム)について

1 받침(パッチム)とは

1) 1つの文字は必ず子音字から始まり、その右側か下に母音字が付くものと、
2) 子音字と母音字の下にまた子音字が付く2種類がある。
　子音字と母音字の下に付く子音字を받침(パッチム)と言う。

1) 子音字+母音字

　例：누가(誰が)

　　　　子音字
　　　　　↓
　　　　　누　　　　　子音字 → 가 ← 母音字
　　　　　↑
　　　　母音字

2) 子音字+母音字+子音字

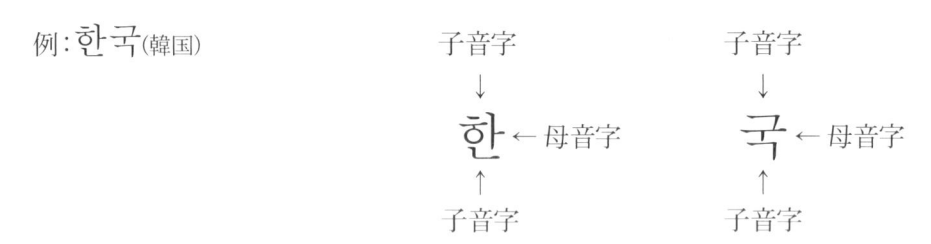

　例：한국(韓国)

　　　　子音字　　　　　　　　子音字
　　　　　↓　　　　　　　　　　↓
　　　　　한 ← 母音字　　　　　국 ← 母音字
　　　　　↑　　　　　　　　　　↑
　　　　子音字　　　　　　　　子音字

2 初声・中声・終声

1) 初声：1つの文字の最初の子音字の音。
2) 中声：最初の子音字の右側か下に付く母音字の音。
3) 終声：1つの文字の最後に付く子音字の音。

3 サンパッチム (쌍받침)

　5つの濃音の内、実際に받침(終声)として使われるのは「ㄲ」と「ㅆ」の2つのみ。

　例) 꼭(必ず)、있다(いる、ある) など

4 キョッパッチム(겹받침)

異なる2つの子音字からなる겹받침(全部で11個)は、
基本的には左右のどちらか片方だけを発音する。

1) 左側を発音する겹받침：ㄳ　ㄵ　ㄶ　ㄺ　ㄽ　ㄾ　ㅀ　ㅄ
2) 右側を発音する겹받침：ㄺ　ㄻ　ㄿ

5 パッチムの発音(받침의 발음)

한글(ハングル)의 받침의 형은 全部で27種類あるが、
それらの発音は次の7種類に集約される。

받침의 발음(終声)	받침의 형	実際の例
1) [ㄱ(k)]	ㄱ ㅋ ㄲ ㄳ ㄺ	역 밖 넋 닭…
2) [ㄴ(n)]	ㄴ ㄵ ㄶ	돈 앉다 많다…
3) [ㄷ(t)]	ㄷ ㅌ ㅅ ㅆ ㅈ ㅊ ㅎ	곧 끝 빗 빗 빛…
4) [ㄹ(l)]	ㄹ ㄼ ㄽ ㄾ ㅀ	팔 여덟 곬 잃다…
5) [ㅁ(m)]	ㅁ ㄻ	봄 여름 삶 젊다…
6) [ㅂ(p)]	ㅂ ㅍ ㅄ ㄿ	집 앞 값 읊다…
7) [ㅇ(ŋ)]	ㅇ	강 병 양 창…

6 代表音

받침의 발음을 한글로 表記する際は「代表音」を用いる。
例えば上記5.の1)、3)、6)の実際の発音을 한글로 書くと次のようになる。

1) [ㄱ(k)]：代表音は「ㄱ」　　역[역]　밖[박]　넋[넉]　닭[닥]
3) [ㄷ(t)]：代表音は「ㄷ」　　곧[곧]　끝[끋]　빗[빋]　빗[빋]　빛[빋]
6) [ㅂ(p)]：代表音は「ㅂ」　　집[집]　앞[압]　값[갑]　읊다[읍따]

発音の変化

第4課

P1 4-1

1 「의」の発音：「의」はその位置や機能などによって発音が異なる。

1) [의]：「의」が語頭にくると[의]と発音される。

例) 의사[의사](医者)　　의자[의자](椅子)　　의미[의미](意味)

2) [이]：語頭以外の「의」は[이]と発音される。

例) 의의[의이](意義)　　회의[회이](会議)　　민주주의[민주주이](民主主義)

3) [ㅣ]：「ㅇ」以外の初声子音字に[ㅢ]が付くと[ㅢ]の部分は[ㅣ]と発音される。

例) 무늬[무니](模様)　　희망[히망](希望)　　띄어쓰기[띠어쓰기](分かち書き)

4) [에]：所有格助詞として機能する「의」の発音は[에]になる。

例) 우리의 희망[우리에 히망](我々の希望)

우의의 의미[우이에 의미](友誼の意味)

희토류의 무늬[히토류에 무니](希土類の模様)

P1 4-2

2 「ㅖ」の発音

1) [ㅖ]：「ㅇ」と「ㄹ」の初声子音字に[ㅖ]が付くと[예]、[례]と発音される。

例) 예술[예술](芸術)　　예정[예정](予定)　　정예[정예](精鋭)

차례[차례](順番)　　실례[실례](失礼)　　순례[술례](巡礼)

2) [ㅔ]：「ㅇ」と「ㄹ」以外の子音字に[ㅖ]が付くと[ㅖ]の部分は[ㅔ]と発音される。

例) 세계[세게](世界)　　폐지[페지](廃止)　　혜성[헤성](彗星)

3) 母音＋예요./예요?(〜です。/〜ですか。)：母音の後に続く「예요」は、

[에요]と発音される。

例) 사과예요./사과예요? [사과에요](リンゴです。/リンゴですか。)

＊子音字＋이에요./이에요?(〜です。/〜ですか。)の発音は[이에요]のまま。

例) 귤이에요./귤이에요? [규리에요] (ミカンです。/ミカンですか。)

3 濃音に変わる例：次の1)～5)の場合は平音を濃音に変えて発音する。

1) 動詞・形容詞の語幹末のパッチムの発音が[ㄴ,ㅁ]の場合、その後に続く平音は濃音に変わる。

   例) 남고[남꼬](残って)　　신다[신따](履く)　　앉습니다[안씀니다](座ります)
   　　검지만[검찌만](黒いけど)　　젊습니다[점씀니다](若いです)

2) 漢字語の場合、「ㄹ(리을)」パッチムの後に続く初声平音の内「ㄷ,ㅅ,ㅈ」は濃音に変わるケースが多い。

   例) 발달[발딸](発達)　　실담[실땀](実談)　　출동[출똥](出動)
   　　발신[발씬](発信)　　실습[실씁](実習)　　출신[출씬](出身)
   　　발전[발쩐](発展)　　실질[실찔](実質)　　출전[출쩐](出典)

3) 次のような漢字の初声平音は語中では濃音に変わるケースが多い。

   ～가(価), ～과(科), ～건(件), ～권(券), ～자(字), ～점(点), ～증(証), ～증(症)

   例) 주가[주까](株価)　　평가[평까](評価)　　이과[이꽈](理科)　　안과[안꽈](眼科)
   　　사건[사껀](事件)　　물건[물껀](物件)　　여권[여꿘](旅券)　　증권[증꿘](証券)
   　　철자[철짜](綴字)　　한자[한짜](漢字)　　이점[이쩜](利点)　　종점[종쩜](終点)
   　　신분증[신분쯩](身分証)　　허가증[허가쯩](許可証)
   　　공포증[공포쯩](恐怖症)　　탈모증[탈모쯩](脱毛症)

   ＊물건[물건](品物)、영수증[영수증](領収証)などの発音には注意。

4) 主に合成語の場合、前の単語がパッチムの「ㄴ,ㄹ,ㅁ,ㅇ」か母音で終わると、後に続く単語の初声平音が濃音に変わるケースがある。

   例) 손짓[손찓](手振り)　　　　일본 사람[일본싸람](日本の人・日本人)
   　　물고기[물꼬기](魚)　　　　일자리[일짜리](職)
   　　아침밥[아침빱](朝ごはん)　　잠자리[잠짜리](寝床)
   　　등불[등뿔](灯火)　　　　　안경집[안경찝](メガネ入れ)

   ＊불고기[불고기](プルゴギ)、잠자리[잠자리](トンボ) などの発音には注意。

5) 未来連体形語尾「ㄹ/을」の後に続く初声平音は濃音に変わる。

例) 가다(行く)+사람(人)→ 갈 사람 [갈싸람]《(これから)行く人》

먹다(食べる)+을 거예요(~するでしょう)→ 먹을 거예요.

[머글꺼에요](食べるでしょう)

만들다(作る)+ㄹ 수 있어요(できます)→ 만들 수 있어요.

[만들쑤 이써요](作れます)

6) 主に外来語の場合、慣用的に濃音に変えながら発音するケースもある。

例) 게임[께임](game)　　　골프[꼴프](golf)
　　달러[딸러](dollar)　　　댐[땜](dam)
　　백[빽](bag)　　　　　　버스[뻐스/쓰](bus)
　　서비스[써비스/쓰](service)　신[씬](scene)
　　재즈[째즈](jazz)　　　　잼[쨈](jam)

4　頭音法則：「初声が [ㄹ] や [ㄴ] と発音される次のような漢字が語頭に来ると、その「ㄹ」や「ㄴ」は「ㄴ」や「ㅇ」に表記され、表記どおりに発音される。

1)「라・로・루・르」は、それぞれ「나・노・누・느」に変わる。

例) 망라(網羅) − 나열(羅列)　　근로(勤勞) − 노동(労働)
　　도루(盜壘) − 누심(壘審)　　늠름하다〈凛凛하다〉(凛としている)

2)「랴・려・료・류・리」は、それぞれ「야・여・요・유・이」に変わる。

例) 개량(改良) − 양식(良識)　　실력(実力) − 역사(力士)
　　재료(材料) − 요리(料理)　　물류(物流) − 유행(流行)
　　물리(物理) − 이론(理論)

3)「냐・녀・뇨・뉴・니」は、それぞれ「야・여・요・유・이」に変わる。

例) 남녀(男女) − 여자(女子)　　분뇨(糞尿) − 요도(尿道)

5　「ㅎ(히읗)」音の弱音化/無音化

母音と「ㄴ,ㄹ,ㅁ,ㅇ」パッチムの後に続く「ㅎ」は、その音が弱くなるか、ほとんど発音されなくなる。

例) 시험[시엄](試験)　　　고향[고양](故郷)
　　은행[은앵→으냉](銀行)　　전화[전와→저놔](電話)
　　결혼[결온→겨론](結婚)　　일호선[일오선→이로선](一号線)
　　감히[감이→가미](敢えて)　　담화[담와→다놔](談話)
　　영화[영와](映画)　　　명함[명암](名刺)

6　샤・셔・쇼・슈・시の発音に注意

샤・셔・쇼・슈・시は英語の「sh[ʃ]」に近い音を含むような発音になる。

7　져・죠・쟤・쳐・쪄の発音

〈져・죠・쟤・쳐・쪄〉は実際にはそれぞれ[저・조・재・처・쩌]と発音される。

第5課 発音のルール

1 有声音化

初声平音の「ㄱ,ㄷ,ㅂ,ㅈ」は語頭では[k, t, p, ʧ]と発音されるが、語中で母音やㄴ,ㅁ,ㅇ,ㄹに挟まれるとそれぞれの有声音の[g, d, b, ʤ]に変わる。

例) 누가[누/가→누가](誰が)　　바다[바/다→바다](海)
　　가방[가/방→가방](鞄)　　　언제[언/제→언제](いつ)
　　친구[친/구→친구](友達)　　편지[편/지→편지](手紙)
　　감독[감/독→감독](監督)　　담배[담/배→담배](煙草)
　　남자[남/자→남자](男子)　　성공[성/공→성공](成功)
　　공부[공/부→공부](勉強)　　동전[동/전→동전](小銭)
　　날개[날/개→날개](羽)　　　밀다[밀/다→밀다](押す)
　　갈비[갈/비→갈비](カルビ)　놀자[놀/자→놀자](遊ぼう)

2 連音化

1) パッチムで終わる文字の後に音価のない〈これを「ゼロ音価」という〉「ㅇ」から始まる母音が続くと、前の文字のパッチムは「ㅇ」の所に移って発音される。

例) 빗이[비시](櫛が)　　빚이[비지](借金が)　　빛이[비치](光が)
　　낫은[나슨](鎌は)　　낮은[나즌](昼は)　　　낯은[나츤](顔は)

2) 쌍받침〈ㄲとㅆの2つのみ〉は丸ごと連音化される。

例) 밖에[바께](外に)　　있어요[이써요](います/あります)
　　낚았어요[나까써요](釣りました)

3) 겹받침〈ㄵ, ㄼ, ㄺ, ㄻなど〉は左側は残し、右側だけを連音化される。

例) 앉아요[안자요](座ります/座ってください)　　넓은 ~[널븐](広い~)
　　읽었어요[일거써요](読みました)　　　　　　젊은이[절므니](若者)

4) パッチムの「ㅎ : 히읗」は連音化せず、無音になる。

例) 좋아요[조아요](いいです)　　쌓인 ~[싸인](積もった~)　　많이[마니](沢山)

3 口蓋音化

パッチムの「ㄷ」と「ㅌ」はその後に母音「이」が続くと、
それぞれ[지]と[치]の発音に変わる。

例) 굳이[구지](強いて)　　미닫이[미다지](引き戸)　　해돋이[해도지](日の出)
　　같이[가치](一緒に)　　끝이[끄치](最後が)　　　붙이다[부치다](くっ付ける)

4 激音化

平音の「ㄱ, ㄷ, ㅂ, ㅈ」はその前後に「ㅎ」が来ると、
その「ㅎ」と同化してそれぞれの激音[ㅋ, ㅌ, ㅍ, ㅊ]に変わる。

例) 부탁하다[부타카다](頼む)　　예약하다[예야카다](予約する)
　　어떻게[어떠케](どのように)　　이렇게[이러케](このように)

　　깨끗하다[깨끋하다 → 깨끄타다](きれいだ)
　　따뜻하다[따뜯하다 → 따뜨타다](温かい)

　　좋다[조타](いい)　　　　끊다[끈타](切る)

　　뽑히다[뽀피다](選ばれる)　　연습하다[연스파다](練習する)
　　넓히다[널피다](広げる)　　밟히다[발피다](踏まれる)

　　젖히다[저치다](めくる)　　앉히다[안치다](座らせる)
　　좋지만[조치만](いいけれど)　　그렇지만[그러치만](けれども)

＊ただし、パッチムの「ㄷ」+「히」は[치]に変わる。

　　例) 갇히다[가치다](閉じ込められる)　　걷히다[거치다](霧や雲などが晴れる)
　　　　닫히다[다치다](閉ざされる)　　묻히다[무치다](埋められる)

5 濃音化

終声「ㄱ, ㄷ, ㅂ」の後に続く初声平音の「ㄱ, ㄷ, ㅂ, ㅅ, ㅈ」は、
それぞれの濃音[ㄲ, ㄸ, ㅃ, ㅆ, ㅉ]に変わる。

例) 학교[학꾜](学校)　　녹다[녹따](溶ける)　　축복[축뽁](祝福)
　　약속[약쏙](約束)　　숙제[숙쩨](宿題)　　닦다[닥다 → 닥따](磨く)

　　듣고[듣꼬](聞いて)　　낮다[낟다 → 낟따](低い)　　꽃병[꼳병 → 꼳뼝](花瓶)
　　숫자[숟자 → 숟짜](数字)　　낮잠[낟잠 → 낟짬](昼寝)

第5課　発音のルール

입국[입꾹] (入国)　　　　　　있다[읻다 → 읻따] (いる/ある)
옆방[엽방 → 엽빵] (隣の部屋)　　접시[접씨] (皿)
값지다[갑지다 → 갑찌다] (高価だ)

6　側音化
P1 5-6

「ㄴ」+「ㄹ」とその逆の「ㄹ」+「ㄴ」は[ㄹ+ㄹ]の発音に変わる。

例) 연락[열락] (連絡)　　인류[일류] (人類)　　편리[펼리] (便利)
　　설날[설랄] (元日)　　실내[실래] (室内)　　달나라[달라라] (月世界)

＊ただし、〈パッチムの「ㄴ」で終わる単語＋「ㄹ」で始まる接尾語〉の構造を持つ
　漢字語の発音は[ㄴ+ㄴ]になる。

例) 구인란[구인난] (求人欄)　　　　무신론[무신논] (無神論)
　　생산량[생산냥] (生産量)　　　　판단력[판단녁] (判断力)
　　향신료[향신뇨] (香辛料)

7　鼻音化
P1 5-7

[ㄱ・ㄷ・ㅂ]と発音されるパッチムの後に続く文字の初声が鼻音の「ㄴ」か「ㅁ」の場合、パッチムの[ㄱ・ㄷ・ㅂ]の発音はそれぞれ鼻音の[ㅇ・ㄴ・ㅁ]に変わる。

例) 한국 노래[한궁노래] (韓国の歌)　　한국말[한궁말] (韓国語)
　　읽는 ~[익는 → 잉는] (読む~)　　부엌문[부억문 → 부엉문] (台所の扉)
　　받는다[반는다] (受ける)　　　　끝나다[끋나다 → 끈나다] (終わる)
　　옛날[옏날 → 옌날] (昔)　　　　꽃말[꼳말 → 꼰말] (花言葉)
　　십 년[심년] (十年)　　　　　　십만[심만] (十万)
　　앞날[압날 → 암날] (将来)　　　값만[갑만 → 감만] (値段だけ)

8　流音「ㄹ(리을)」の鼻音化
P1 5-8

1) パッチム「ㅁ」と「ㅇ」の後に続く流音の「ㄹ」の発音は[ㄴ]に変わる。

例) 금리[금니] (金利)　　심리[심니] (心理)　　음료수[음뇨수] (飲料水)
　　등록[등녹] (登録)　　승리[승니] (勝利)　　정리[정니] (整理)

2) また、[ㄱ・ㄷ・ㅂ]と発音されるパッチムの後に続く流音の「ㄹ」の発音は[ㄴ]に変わり、その後パッチムの[ㄱ・ㄷ・ㅂ]の発音は鼻音化も適用され、それぞれ[ㅇ・ㄴ・ㅁ]に変わる。

例) 국립[국닙 → 궁닙](国立)　　격려[격녀 → 경녀](激励)
　　몇 리[멷니 → 면니](何里)　　법률[법뉼 → 범뉼](法律)
　　섭리[섭니 → 섬니](摂理)　　협력[협녁 → 혐녁](協力)

9　「ㄴ(니은)」音の添加

主に合成語や2つ以上の語を連続して発音する際、前の語がパッチムで終わり、その後に「야・여・요・유・이」などの母音が続くと、「ㄴ(니은)」の音が添加されるケースがしばしばある。

例) 위장약[위장냑](胃腸薬)　　　　　물약[물냑 → 물략](飲み薬)
　　태양열[태양녈](太陽熱)　　　　　관광 여행[관광녀앵](観光旅行)
　　무슨 요일[무슨뇨일](何曜日)
　　중국 요리[중국뇨리 → 중궁뇨리](中華料理)
　　식용유[식용뉴 → 시공뉴](食用油)
　　한국 유학[한국뉴악 → 한궁뉴악](韓国留学)
　　볼일[볼닐 → 볼릴](用事)
　　옛날 이야기[옌날니야기 → 옌날리야기](昔話)

＊ただし、次のように「ㄴ(니은)」音の添加が適用されない場合もある。

例) 금요일[그묘일](金曜日)　　　　약육강식[야국깡식](弱肉強食)
　　그림일기[그리밀기](絵日記)　　아침 이슬[아치미슬](朝露)

10　パッチムの「ㅇ」の後に母音が続くと、若干濁る発音に変わる。

例) 강약[강약](強弱)　　　　종이[종이](紙)
　　중앙[중앙](中央)　　　　영어[영어](英語)
　　잉어[잉어](鯉)　　　　　호랑이[호랑이](虎)

第6課 교실에서 쓰는 표현(教室で使う表現)

P16

1. 안녕하세요?/안녕하십니까? (こんにちは。)
2. 지금부터 오늘 공부를 시작하겠습니다. (これから今日の勉強を始めます。)
3. ~페이지를 펴세요. (~ページを開いてください。)
4. 잘 들어 보세요. (よく聞いてみてください。)
5. 잘 듣고 따라해 보세요. (よく聞いて後について言ってみてください。)
6. 잘 듣고 한국말로 대답해 보세요. (よく聞いて韓国語で答えてみてください。)
7. 맞았어요./틀렸어요. (答えが正しいです。/ 間違いました。)
8. 큰 소리로 읽어 보세요. (大きい声で読んでみてください。)
9. 무슨 뜻인지 알겠습니까? (何の意味なのか分かりますか。)
10. 네, 알겠습니다. (はい、分かりました。)
11. 아뇨, 잘 모르겠습니다. (いいえ、よく分かりません。)
12. 다시 한 번 천천히 설명해 주세요. (もう一度ゆっくり説明してください。)
13. 친구하고 연습해 보세요. (友達と練習してみてください。)
14. 질문이 있으면 질문하세요. (質問があったら質問してください。)
15. 또 다른 질문 없습니까? (また他の質問はありませんか。)
16. 다음주까지 숙제로 해 오세요. (来週まで宿題としてやってきてください。)
17. 이상으로 오늘 공부를 마치겠습니다. 수고했습니다. (以上で今日の勉強を終わります。お疲れ様。)
18. 고맙습니다./감사합니다. (有り難うございます。)
19. 늦어서 죄송합니다. (遅れて申し訳ございません。)
20. 죄송하지만 다음주에는 볼일이 있어서 결석하겠습니다. (申し訳ございませんが、来週は用事があるので欠席させていただきます。)

Part II

실용 회화(実用会話)

用言の「합니다」体

第1課

基礎表現

1 体言〈名詞・代名詞など〉＋です。/ですか。

- 母音＋예요./예요?*1　　누구(誰)예요?　친구(友達)예요.
- 子音＋이에요./이에요?　학생(学生)이에요?　선생님(先生)이에요.

*1) 発音は[에요]

2 「합니다」体：用言〈動詞・形容詞・存在詞・指定詞〉の語幹＋です(か)。/ます(か)。

- 母音語幹＋ㅂ니다./ㅂ니까?

  오다(来る)：옵니까?　옵니다.　　　～이다(～だ)：～입니까?　～입니다.

- ㄹ(리을)語幹＋ㅂ니다./ㅂ니까?〈ㄹは脱落〉

  살다(住む)：삽니까?　삽니다.　　　길다(長い)：깁니까?　깁니다.

- 子音語幹＋습니다./습니까?

  먹다(食べる)：먹습니까?　먹습니다.　있다(いる)：있습니까?　있습니다.

3 ～と言います。/～と申します。

- 母音＋라고 해요./합니다.　　다나카(田中)라고 해요./합니다.
- 子音＋이라고 해요./합니다.　이지연(イジヨン)이라고 해요./합니다.

4 助詞：～が、～は、～を、～で〈方法・手段〉

区分	～が	～は	～を	～で
母音＋	～가	～는	～를	～로
子音＋	～이	～은	～을	～으로〈但し、ㄹは「＋로」〉

버스가	버스는	버스를	버스로
(バスが)	(バスは)	(バスを)	(バスで)
신칸센이	신칸센은	신칸센을	신칸센으로
(新幹線が)	(新幹線は)	(新幹線を)	(新幹線で)
전철이	전철은	전철을	전철로
(電車が)	(電車は)	(電車を)	(電車で)

5 안녕하세요?/안녕하십니까?:こんにちは。

6 처음 뵙겠어요./뵙겠습니다.:はじめまして。

7 《만나서》반가워요./반갑습니다.:お目にかかれて嬉しいです。

8 《앞으로》잘 부탁해요./부탁합니다.:《これから》宜しくお願いします。

コラム　　　　ハングル(한글)

　朝鮮王朝(1392−1910)第4代王である世宗(세종)時代の1443年に創案され、3年後の1446年「訓民正音(훈민정음)」という名称で公布された。

　「訓民正音」とは、〈民に訓える正しい音〉、つまり〈国民に正しい音を教えるための文字〉という意味。

　その後、韓国では「한글:大きな、偉大な文字」が正式名称として用いられ、北朝鮮では「조선글:朝鮮文字」という言い方が使われている。

　「天(・)」、「地(―)」、「人(ㅣ)」の形に基づいて作られた母音字と、牙・舌・唇・歯・喉の調音器官の形をかたどって創った子音字を組み合わせて様々な音を表記するハングルは、最大1万1千以上の音を表現できると言われる。

　ユネスコは1997年、ハングルの文化的価値を高く評価し、「訓民正音」の世界記録遺産登録を認定した。ユネスコはまた、韓国外交通商省の支援のもと1990年から毎年、人類の識字率の向上に貢献した個人や団体を選んで「世宗王文解賞:Sejong Literacy Prize」を授与している。

　韓国では毎年10月9日を「한글날:ハングルの日」、北朝鮮では1月15日を「조선글날:朝鮮文字の日」に決めて記念している。

基本練習

P2
1-1

1. 今(지금)どこ(어디)ですか。
   ☐☐ ☐☐☐?/ ☐☐☐☐?
   家(집)です。 ☐☐☐. / ☐☐.

2. いつ(언제)来ますか。 明日(내일)来ます。
   ☐☐ ☐☐☐? ☐☐ ☐☐.

3. 誰と(누구하고)住んでいますか。 家族(가족)と住んでいます。
   ☐☐☐ ☐☐☐? ☐☐☐ ☐☐☐.

4. 髪(머리)が長いですか。 ちょっと(좀)長いです。
   ☐☐☐ ☐☐? ☐ ☐☐.

5. 私の(제)名前(이름)は伊藤淳(이토 준)と言います。
   ☐ ☐☐☐ ☐☐☐☐ ☐☐☐. / ☐☐☐.

6. 私(저)はキムジヒ(김지희)と申します。
   ☐ ☐☐☐☐ ☐☐. / ☐☐.

7. こんにちは。
   ☐☐☐☐☐?/ ☐☐☐☐☐☐?

8. はじめまして。
   ☐☐ ☐☐☐☐. / ☐☐☐☐☐.

9. お目にかかれて嬉しいです。
   ☐☐ ☐☐☐. / ☐☐☐☐☐.

10. 《これから》宜しくお願いします。
    《☐☐☐》☐ ☐☐☐. / ☐☐☐☐.

20　PartⅡ 実用会話

発展練習

P2 1-2-1

1. 例):이름/뭐(何) → 유기훈

   A:이름이 뭐예요?　　　　　　　　B:제 이름은 유기훈이에요.

   1) 고향(故郷)/어디 → 서울(ソウル)

   A:＿＿＿＿＿＿＿＿＿＿＿　　　B:＿＿＿＿＿＿＿＿＿＿＿

   2) 생일(誕生日)/언제 → 모레(あさって)

   A:＿＿＿＿＿＿＿＿＿＿＿　　　B:＿＿＿＿＿＿＿＿＿＿＿

   3) 취미(趣味)/뭐 → 운동(運動)

   A:＿＿＿＿＿＿＿＿＿＿＿　　　B:＿＿＿＿＿＿＿＿＿＿＿

   4) 저 분(あの方)/누구 → 선생님

   A:＿＿＿＿＿＿＿＿＿＿＿　　　B:＿＿＿＿＿＿＿＿＿＿＿

   5) 값(値段)/얼마(いくら) → 천 원(千ウォン)

   A:＿＿＿＿＿＿＿＿＿＿＿　　　B:＿＿＿＿＿＿＿＿＿＿＿

P2 1-2-2

2. 例:언제/공부하다(勉強する) → 매일(毎日) 공부하다

   A:언제 공부합니까?　　　　　　　B:매일 공부합니다.

   1) 뭘(何を)/사다(買う) → 핸드폰(携帯)을 사다

   A:＿＿＿＿＿＿＿＿＿＿＿　　　B:＿＿＿＿＿＿＿＿＿＿＿

   2) 무슨 음악을(何の音楽を)/듣다(聴く) → 클래식을(クラシックを) 듣다

   A:＿＿＿＿＿＿＿＿＿＿＿　　　B:＿＿＿＿＿＿＿＿＿＿＿

   3) 누구한테(誰に)/전화를 걸다(電話をかける) → 친구한테(友達に) 걸다

   A:＿＿＿＿＿＿＿＿＿＿＿　　　B:＿＿＿＿＿＿＿＿＿＿＿

4) 어디서(何処で)/책을 읽다(本を読む) → 도서관에서(図書館で) 읽다

A: _____   B: _____

5) 지금(今) 시간(時間)이 있다 → 지금은 시간이 없다(ない)

A: _____   B: _____

3. 例：例(레이)/한국말로(韓国語で) → 예(例)

　　A:「레이」는 한국말로 뭐라고 해요?/합니까?   B:「예」라고 해요./합니다.

1) ゼミ(제미)/한국말 → 세미나

A: _____   B: _____

2) 寿司(스시)/한국말 → 초밥

A: _____   B: _____

3) コンビニ(콘비니)/한국말 → 편의점

A: _____   B: _____

4) 핸드폰·휴대폰/일본말 → 携帯(게이타이)

A: _____   B: _____

5) 라면/일본말 → ラーメン(라멘)

A: _____   B: _____

応用練習

● 例:こんにちは。→ こんにちは。はじめまして。

　　A:안녕하세요?　　　　　　　　B:안녕하십니까? 처음 뵙겠습니다.

1) こんにちは。はじめまして。→ お目にかかれて嬉しいです。

　A:　　　　　　　　　　　　　　B:

2) こんにちは。「自分の名前」と申します。→ はじめまして。「自分の名前」と申します。

　A:　　　　　　　　　　　　　　B:

3) 私は「自分の名前」と申します。はじめまして。→　お目にかかれて嬉しいです。

　A:　　　　　　　　　　　　　　B:

4) はじめまして。「自分の名前」です。→「自分の名前」です。宜しくお願いします。

　A:　　　　　　　　　　　　　　B:

5) お目にかかれて嬉しいです。「自分の名前」と申します。→これから宜しくお願いします。

　A:　　　　　　　　　　　　　　B:

第2課 用言の「해요」体

基礎表現

1 用言の「해요」体：〜です(か)。/ます(か)。

- 陽語幹〈ㅏとㅗ*1〉+아요./아요?　　*1)「ㅑ ㅛ ㅘ」も陽語幹として扱う。

  싸다(安い)　　　　싸요?　　싸요.*2

  많다(多い)　　　　많아요?　　네(はい), 많아요.

  좁다(狭い)　　　　좁아요?　　아니요(いいえ), 괜찮아요(大丈夫です).

- 陰語幹〈ㅏとㅗ以外〉+어요./어요?

  있다(いる・ある)　　있어요?　　네, 있어요.

  없다(いない・ない)　　없어요?　　아니요, 있어요.*3

  *3) 否定疑問文の答え方は日本語と同じ。

  계시다(いらっしゃる)　　계세요?　　네, 계세요.　*4계셔요より계세요が一般的。

- 하語幹+여요./여요?

  하다(する)　　　　하여요?　　하여요.→해요?　　해요.*5

  *5)は縮約形の해요の方をよく使う。

  공부하다(勉強する)　　공부해요?　　아니요, 일(仕事)해요.

- 「ㅐ」語幹と「ㅔ」語幹+요./요? *6

  보내다(送る)　　　　보내요?　　네, 보내요.

  세다(強い)　　　　세요?　　네, 세요.

  *2、4、5、6：p.84の1〈연용형의 축약형 참조〉

2　〜ではありません(か)。

- 母音＋가 아니에요.(요?)/가 아닙니다.(까?)

  저 사람(あの人)은 친구(友達)가 아니에요.(요?)/가 아닙니다.(까?)

- 子音＋이 아니에요.(요?)/이 아닙니다.(까?)

  저 분(あの方)은 선생님(先生)이 아니에요.(요?)/이 아닙니다.(까?)

3　助詞：〜も、〜と〜①　〜と〜②　〜と〜③

구분(区分)	〜も	〜と〜①	〜と〜②	〜と〜③
● 母音＋	〜도	〜하고	〜랑	〜와
● 子音＋	〜도	〜하고	〜이랑	〜과

＊①と②は口語体として、③は文語体としてよく使われる。

바다도 (海も)	바다하고 (海と)	바다랑 (海と)	바다와 (海と)
산도 (山も)	산하고 (山と)	산이랑 (山と)	산과 (山と)
물도 (水も)	물하고 (水と)	물이랑 (水と)	물과 (水と)

4　고마워요./고맙습니다. 감사합니다.：ありがとうございます。

5　천만에요.：どういたしまして。

6　안녕히 가세요./가십시오.：さようなら。(その場に残る側が去る側に)

7　안녕히 계세요./계십시오.：さようなら。(その場から去る側が残る側に)

8　또 만나요.：また会いましょう。

基本練習 「해요」体で答えてみましょう。

1. 友達(친구)が多い(많다)ですか。　　　はい、多いです。

2. 部屋(방)が広い(넓다)ですか。　　　いいえ、狭い(좁다)です。

3. 春休み(봄방학)が 短い(짧다)ですか。　　　いいえ、長い(길다)です。

4. お兄さん(형/오빠)はいませんか。

   兄はいません。姉(누나/언니)がいます。

5. 田中さん(다나카 씨)ですか。　　　私は田中ではありません。

6. 韓国人(한국 사람)ですか。

   韓国人ではありません。日本(일본)人です。

7. 今日(오늘)も友達と勉強しますか。(勉強する：공부하다)

8. 誰と話しますか(話す：얘기하다)。　　　家族と話します。

9. ありがとうございます。　どういたしまして。

10. さようなら。〈去る側が残る側に/残る側が去る側に〉　　　また会いましょう。

Part Ⅱ 実用会話

発展練習

1. 例：숙제(宿題)→ 많다/적다(少ない)

　　　A：숙제가 많아요?　　　　　　　B：네, 숙제가 많아요./아니요, 숙제가 적어요.

1) 값 → 싸다/비싸다(高い)

A: _____　　　B: _____

2) 설명(説明) → 짧다(短い)/길다

A: _____　　　B: _____

3) 음식(食べ物) → 맛있다(美味しい)/맛없다(美味しくない)

A: _____　　　B: _____

4) 문제(問題) → 간단하다(簡単だ)/복잡하다(複雑だ)

A: _____　　　B: _____

5) 날씨(天気) → 선선하다(涼しい)/따뜻하다(温かい)

A: _____　　　B: _____

2. 例：언니/선배(先輩) →　　　　　A：언니예요?

　　　B：네, 언니예요.　　　　　　　C：아니요, 언니가 아니에요. 선배예요.

1) 여동생(妹)/누나 →　　　　　　A: _____

B: _____　　　C: _____

2) 후배(後輩)/남동생(弟) →　　　A: _____

B: _____　　　C: _____

3) 회사원(会社員)/대학생(大学生) → A: _____

B: _____　　　C: _____

4) 지금(今) 학교(学校)/집(家) →   A: _____

B: _____   C: _____

5) 이거(これ) 물(水)/술(お酒) →   A: _____

B: _____   C: _____

🔊 P2
2-2-3

3. 例: 점심(昼食)/먹다(食べる)/친구 → A: 점심은 누구랑/하고 먹어요?/먹습니까?
　　　　B: 점심도 친구랑/하고 같이(一緒에) 먹어요./먹습니다.

1) 영화(映画)/보다(観る)/애인(恋人) →   A: _____

B: _____

2) 예습(予習)/하다/선배(先輩) →   A: _____

B: _____

3) 국제 전화(国際電話)/걸다(掛ける)/유학생(留学生) → A: _____

B: _____

4) 저녁(夕食)/만들다(作る)/가족 →   A: _____

B: _____

5) 운동(運動)/하다/혼자서(一人で) →   A: _____

B: _____

応用練習

● 次の日本語を「해요」体の韓国語に直してみましょう。

1) 今、時間(시간)ありますか。　　　　　　はい、あります。

   A: _____　　　　　　　B: _____

2) ありがとうございます。　　　　　　　どういたしまして。

   A: _____ / _____　　　　B: _____

3) 留学生ですか。　　　　　　　　　　　いいえ、私も留学生ではありません。日本人です。

   A: _____　　　　　　　B: _____

4) 週末も(주말에도)友達ら(친구들)と一緒に復習(복습)をしますか。

   A: _____

5) その先輩は勉強も、運動もいつも(언제나)一人でします。

   A: _____

6) さようなら。〈去る側が残る側に/残る側が去る側に〉　　　　また会いましょう。

   A: _____ / _____　　　　B: _____

第3課 過去形

基礎表現

1 過去形：〜ました(か)。/でした(か)。

- 陽語幹〈ㅏとㅗ〉＋　　았어요./요?　　(～았습니다./까?)
  가다(行く)　　　　　갔어요./요?　　(갔습니다./까?)
  보다(見る)　　　　　봤어요./요?　　(봤습니다./까?)
  오다(来る)　　　　　왔어요./요?　　(왔습니다./까?)
  작다(小さい)　　　　작았어요./요?　(작았습니다./까?)

  ＊1 앉아요は使わないので注意すること。

- 陰語幹〈ㅏとㅗ以外〉＋　었어요./요?　(～었습니다./까?)
  먹다(食べる)　　　　먹었어요./요?　(먹었습니다./까?)
  있다(いる・ある)　　있었어요./요?　(있었습니다./까?)
  없다(いない・ない)　없었어요./요?　(없습니다./까?)
  계시다(いらっしゃる)　계셨어요./요?　(계셨습니다./까?)

- 하語幹 ＋ 었어요./요? 하였어요./요? → 했어요?/요.　＊2 했어요は縮約形
  숙제하다(宿題する)　숙제했어요./요?　(숙제했습니다./까?)
  소개하다(紹介する)　소개했어요./요?　(소개했습니다./까?)
  깨끗하다(きれいだ)　깨끗했어요./요?　(깨끗했습니다./까?)
  조용하다(静かだ)　　조용했어요./요?　(조용했습니다./까?)

  ＊2) 特に会話では縮約形の했어요が多く使われる。

- 「ㅐ」語幹と「ㅔ」語幹＋ㅆ어요./ㅆ어요?
  보내다(送る)　　　　보냈어요./요?　(보냈습니다./까?)
  세다(強い)　　　　　셌어요./요?　　(셌습니다./까?)

2 動作の進行：動詞の語幹+고 있다(〜ている)

자다(寝る)　　　　자요./요?　　　　자고 있어요./요? (寝ています/か)

웃다(笑う)　　　　웃어요./요?　　　웃고 있어요./요? (笑っています/か)

만들다(作る)　　　만들어요./요?　　만들고 있어요./요? (作っています/か)

일하다(働く)　　　일해요./요?　　　일하고 있어요./요? (働いています/か)

＊3 〜고 있어요の過去の表現は「〜고 있었어요」になる。

3 位置や場所の限定や起点の意を表す助詞

구분(区分)	〜に	〜で/にて	〜から
母音・子音+	〜에	〜에서	〜에서

＊会話の中では、「여기(ここ), 거기(そこ), 저기(あそこ), 어디(どこ)」の後につづく
「〜에」と「〜에서」の「에」は、よく省略される。

어디 있었어요?(どこにいましたか。)　　　여기 있었어요.(ここにいました。)

어디서 봤어요?(どこで見ましたか。)　　　저기서 봤어요.(あそこで見ました。)

어디서 왔어요?(どこから来ましたか。)　　서울에서 왔어요.(ソウルから来ました。)

4 副詞：① 그리고(そして)　　② 그런데(ところで、ところが、けれども)

5 안부 말씀 전해 주세요.：宜しくお伝えください。

基本練習　「해요」体で答えてみましょう。

1. どこの国(어느 나라)の人ですか。　☐☐　☐☐　☐☐☐☐?

　韓国から来ました。　☐☐☐☐　☐☐☐☐.

2. 日本では富士山(후지산)を見物(구경)しました。

　☐☐☐☐　☐☐☐☐☐　☐☐☐☐☐☐.

3. 中国(중국)では大学に通いました。(通う：다니다)

　☐☐☐☐☐　☐☐☐　☐☐☐☐☐.

4. 今は大学院(대학원)で勉強しています。

　☐☐　☐☐☐☐☐　☐☐☐☐　☐☐☐.

5. アメリカ(미국)ではニューヨーク(뉴욕)に住んでいました。(住む：살다)

　☐☐☐☐☐　☐☐☐　☐☐☐　☐☐☐☐.

6. 昨夜も(어젯밤(에)도)図書館(도서관)で宿題をやっていました。☐☐☐☐.

　☐☐☐☐☐　☐☐☐☐　☐☐☐　☐☐☐☐☐.

7. お父さま(아버님)は何の仕事(무슨 일)をしていますか。

　☐☐☐☐　☐☐☐　☐☐　☐☐☐☐☐?

8. 前は(전에는)先生でした。☐☐☐☐　☐☐☐☐☐☐.

　今は銀行(은행)に勤めてい(らっしゃい)ます。(勤める：다니다)

　☐☐☐☐☐　☐☐☐　☐☐☐☐☐.

9. ホテル(호텔)はきれいでした。☐☐☐☐　☐☐☐☐☐.

　けれども((宿泊料が))ちょっと高かったです。☐☐☐☐　☐　☐☐☐☐.

10. そして、宜しくお伝えください。

　☐☐☐　☐☐☐　☐☐☐☐　☐☐☐☐☐.

発展練習

P2 3-2-1

1. 例：어느 나라 사람이에요? → 일본/한국/중국/미국/영국(英国) 사람이에요.
   A：어느 나라 사람이에요?　　　　B：일본/한국/중국/미국/영국 사람이에요.

1) 어느 나라에서 왔어요? → 멕시코/몽골/베트남/스페인/프랑스에서 왔어요.

   A：_____　　　　B：_____

2) 어디 출신(出身)이에요? → 서울/부산(釜山)/ 도쿄(東京)/홋카이도(北海道)/
   　　　　　　　　　　　오키나와(沖縄) 출신이에요.

   A：_____　　　　B：_____

3) 몇 학년(何年生)이에요? → 1(일)/2(이)/3(삼)/4(사)학년이에요.

   A：_____　　　　B：_____

4) 전공(専攻)이 뭐예요? → 문(文)/경제(経済)/법(法)/농(農)/이공(理工)/의(医)학부(学部)에
   　　　　　　　　　　　다니고 있어요.

   A：_____　　　　B：_____

P2 3-2-2

2. 例：A：어디(에) 살아요? → 고마바(駒場)/혼고(本郷)
   B：전에는(前は) 고마바에 살았어요. 그런데 지금은 혼고에 살고 있어요.

1) A：뭘(何を) 자주(よく) 봐요? → 연극(演劇)/한국 영화(映画)

   B：_____

2) A：누구하고 공부해요? → 친구(友達)/혼자(一人で)

   B：_____

3) A：어떤(どんな) 책을 많이 읽어요? → 시(詩)/소설(小説)

   B：_____

4) A : 무슨 아르바이트/알바(アルバイト)를 해요? →

　　　　　　　　　　　　　　　　신문 배달(新聞配達)/가정교사(家庭教師)

　　B : _____

3. 예 : 한국말 → 간단하다(簡単だ)/재미있다(面白い)/발음이 복잡하다(発音が複雑だ)
　　　A : 한국말은 어때요(どうですか)?
　　　B : 간단해요. 그리고 재미있어요. 그런데 발음이 복잡해요.

1) 기숙사(寄宿舎, 寮) → 멀다(遠い)/좁다(狭い)/조용하다

　　A : _____

　　B : _____

2) 학생 식당(学食) → 값이 싸다(値段が安い)/맛있다(美味しい)/사람이 많다(人が多い)

　　A : _____

　　B : _____

3) 편의점(コンビニ) → 편리하다(便利だ)/친절하다(親切だ)/상품이 적다(商品が少ない)

　　A : _____

　　B : _____

4) 오늘(今日) → 날씨가 좋다(天気がいい)/따뜻하다(暖かい)/바람(風)이 세다

　　A : _____

　　B : _____

応用練習

● 次の日本語を「해요」体の韓国語に直してみましょう。

1) 韓国の方(분)ですか。　　　　　　　　いいえ、日本から来ました。

　A: ＿＿＿＿＿＿＿＿＿＿＿　　　　　B: ＿＿＿＿＿＿＿＿＿＿＿

2) 週末は(주말에는)何をしましたか。　　掃除(청소)をしました。そして昼寝をしました。
　　　　　　　　　　　　　　　　　　　　　　　　　(昼寝をする：낮잠을 자다)

　A: ＿＿＿＿＿＿＿＿＿＿＿　　　　　B: ＿＿＿＿＿＿＿＿＿＿＿

3) 職業(직업)は何ですか。　　　　　　　大学に通っています。今、1年生です。

　A: ＿＿＿＿＿＿＿＿＿＿＿　　　　　B: ＿＿＿＿＿＿＿＿＿＿＿

4) 家はどこですか。　　　　　　　　　　A: ＿＿＿＿＿＿＿＿＿＿＿

　前は(전에는)目黒区(메구로구)/文京区(분쿄구)に住んでいました。けれども、今は
　渋谷区(시부야구)/新宿区(신주쿠구)で家族(가족)と一緒に暮らしています。

　B: ＿＿＿＿＿＿＿＿＿＿＿

5) ご家族の方々に(가족분들께)宜しくお伝えください。

　A: ＿＿＿＿＿＿＿＿＿＿＿

第4課 「5W1H」 와 「얼마」

基礎表現

1 「5W1H」 와 「얼마」

① 누가 : 誰が   〈누구+가の縮約形〉   *1 누구가の形は使わない。

② 언제 : いつ

③ 어디서 : どこで   〈어디+(에)서〉

④ 무엇을 : 何を   〈무엇+을〉   *2 会話では縮約形の뭘が多く使われる。

⑤ 어떻게 : どのように、どういうふうに

⑥ 왜 : なぜ、どうして

⑦ 얼마 : いくら   *3 値段や高さ、長さ、広さ、重さ、量などを尋ねる際に使う。

2 注意すべき助詞の使い方

1) 〜が好きだ：〜를/을 좋아하다

   한국을 좋아해요?　　　　　　　　네, 한국을 좋아해요.
   (韓国が好きですか。　　　　　　　はい、韓国が好きです。)

2) 〜が嫌いだ：〜를/을 싫어하다

   공부를 싫어해요?　　　　　　　　아니요, 공부를 좋아해요.
   (勉強が嫌いですか。　　　　　　　いいえ、勉強が好きです。)

3) 〜に乗る：〜를/을 타다

   무엇을/뭘 타요? 버스를 타요?　　아니요, 지하철을 타요.
   (何に乗りますか。バスに乗りますか。　いいえ、地下鉄に乗ります。)

4) 〜に会う：〜를/을 만나다

   누구를/누굴 만나요?　　　　　　선생님을 만나요.
   (誰に会いますか。　　　　　　　　先生に会います。)

   *4「〜と会う」は「〜과/와/랑/이랑/하고 만나다」になる。

3 副詞：① 그래서(それで、そういうわけで)
　　　　② 그렇지만(そうだけれども、だが、だけど)

4 오래간만이에요. / 오래간만입니다. : お久しぶりです。

5 요즘(은) 어때요? : 最近(は)、どうですか。

6 덕분에 잘 지내요. : お陰様で元気です。

コラム　　韓国の大学・大学生

　日本以上の学歴社会で知られる韓国では、中学校までの義務教育過程を終えた生徒のほぼ100％が高校に進学する。そして過酷な受験戦争を経て大学に進む高卒者の進学率は、2008年の83.8％をピークに減少傾向を見せているものの、2012年の段階で71.3％と依然高い水準である。

　日本と違って3月から新学期が始まる大学は2学期制で、7月～8月は夏休み、12月下旬～2月は冬休みになる。この休み期間を利用して国内外旅行、海外語学研修、バイトなどを体験する人も多い。一方、厳しい就職などに備えて勉強に励む学生達で、図書館や外国語学校、各種資格取得のための学校等は門前市を成す。

　韓国の大学生達に最も人気の高い就職希望職種は1位が公務員で、2位と3位は大手企業の社員と教員の順になっている。ちなみに、韓国の若い人々が選んだ配偶者の職業の人気No.1も「公務員の夫」と、「教員の妻」であるようだ。

　韓国の男性には兵役の義務がある〈一般現役兵の服務期間：陸軍・海兵隊(21ヶ月)、海軍(23ヶ月)、空軍(24ヶ月)など〉。そのため、男子学生達は就職する前に、それぞれの事情に合わせて在学中、または卒業後に入隊する場合が多い。

　韓国には「스승의 날(恩師・先生の日、毎年5月15日)」があって、この日に、学校の生徒、学生達は自分の先生に手紙を書いたり、花や記念品をプレゼントしたりするほか、音楽会や茶話会などを開いたり、引退後の恩師を訪ね、日ごろの感謝の意を伝える。

基本練習　「해요」体で答えてみましょう。　＜＊9は「합니다」体も。＞

1. 昼食(점심)はどこで何を食べますか。　　学食(학생 식당)で定食(정식)を食べます。

   ☐☐☐☐ ☐☐☐☐ ☐☐☐☐ / ☐☐☐☐ ?

   ☐☐☐☐ ☐☐☐☐ ☐☐☐☐ ☐☐☐☐ .

2. ビビンバ(비빔밥)はどのように食べますか。スプーン(숟가락)でまぜて(비벼서)食べます。

   ☐☐☐☐ ☐☐☐☐ ☐☐☐☐ ?

   ☐☐☐☐ ☐☐☐☐ ☐☐☐☐ .

3. 値段はいくらですか。　☐☐☐☐ ☐☐☐☐ ?

   安かったです。それで沢山買いました。

   ☐☐☐☐ . ☐☐☐☐ ☐☐☐☐ .

4. 肉(고기)が好きですか。　☐☐☐☐ ☐☐☐☐ ?

   はい。でも魚(생선)がもっと(더)好きです。

   ☐ . ☐☐☐☐ ☐☐☐☐ ☐ ☐☐☐☐ .

5. 酒(술)が嫌いですか。　　はい。でもタバコ(담배)がもっと嫌いです。

   ☐☐☐☐ ☐☐☐☐ ?

   ☐☐☐☐ ☐☐☐☐ ☐☐☐☐ ☐☐☐☐ .

6. ジョギング(조깅)が好きですか。　☐☐☐☐ ☐☐☐☐ ?

   いいえ、嫌いです。　　　　それで、毎日(매일)自転車(자전거)に乗ります。

   ☐☐☐☐ , ☐☐☐☐ . ☐☐☐☐ ☐☐☐☐ ☐☐☐☐ ☐☐☐☐ .

7. 電車(전차)が嫌いです。　　それで、いつも(언제나)バス(버스)に乗ります。

   ☐☐☐☐ ☐☐☐☐ . ☐☐☐☐ ☐☐☐☐ ☐☐☐☐ ☐☐☐☐ .

8. 誰に会いましたか。　　　　　　　友達に会いました。

   ☐☐☐☐ / ☐☐☐☐ ? ☐☐☐☐ ☐☐☐☐ .

9. お久しぶりです。　□□□□□□. / □□□□□□□.

10. 最近(は)、どうですか。　　　お陰様で元気です。

　□□(□)□□□□? 　□□□□ □□ □□□.

発展練習

1. 例: 누구/만들다(作る)/남동생(弟)/여동생(妹) →
　　A: 누가 만들었어요?　B: 남동생이 만들었어요. /여동생이 만들었어요.

1) 언제/전화를 걸다(電話をかける)/어젯밤(昨夜)/아까(さっき) →

　A: _____　B: _____

2) 어디/숙제를 하다(宿題をする)/학교(学校)/집(家) →

　A: _____　B: _____

3) 무엇/읽다(読む)/잡지(雑誌)/소설(小説) →

　A: _____　B: _____

4) 어떻게/찾다(調べる)/야후(ヤフー)/구글(グーグル) →

　A: _____　B: _____

5) 왜/결석하다(欠席する)/감기에 걸려서(風邪を引いて)/일이 바빠서(仕事が忙しくて) →

　A: _____　B: _____

2. 例: 무슨 음식(何の食べ物)/좋아하다/야채(野菜)/과일(果物) →
　　A: 무슨 음식을 좋아해요?　　B: 야채를 좋아해요. /과일을 좋아해요.

1) 어떤 운동(どんな運動)/좋아하다 /축구(サッカー)/볼링(ボーリング) →

　A: _____　B: _____

2) 어떤 과목(どんな科目)/싫어하다/역사(歴史)/수학(数学) →

A: _____ B: _____

3) 무슨 계절(何の季節)/싫어하다/여름(夏)/겨울(冬) →

A: _____ B: _____

4) 뭐(何)/타다 /비행기(飛行機)/신칸센(新幹線) →

A: _____ B: _____

5) 누구(誰)/만나다/선배(先輩)/가족(家族) →

A: _____ B: _____

P2
4-2-3

3. 例：늦잠을 자다(朝寝坊をする)/늦다(遅れる) →

  A: 늦잠을 잤어요. 그래서 늦었습니다.

1) 시간이 없다(時間がない)/식사를 못 하다(食事ができない) →

A: _____

2) 사전을 찾다(辞書を引く)/의미를 알다(意味が分かる) →

A: _____

3) 열심히 공부하다(熱心に勉強する)/대학에 합격하다(合格する) →

A: _____

P2
4-2-4

4. 例：아침부터 비가 오다(朝から雨が降る)/따뜻하다(暖かい) →

  A: 아침부터 비가 와요. 그렇지만 따뜻해요.

1) 이 가방은 좀 비싸다(この鞄はちょっと高い)/튼튼하다(丈夫だ) →

A: _____

2) 그 레스토랑은 양이 적다(そのレストランは量が少ない)/맛이 있다(美味しい) →

A: _____

3) 지하철은 사람이 많다(地下鉄は人が多い)/편리하다(便利だ) →

A: _____

応用練習

● 次の日本語を「해요」体の韓国語に直してみましょう。

1) 誰が、いつ、どこで、何を、どのように、なぜしましたか。

A:

B:よく分かりません。(잘 모르겠어요.)

2) この靴(구두)、いくらですか。　　　　　ちょっと高いです。けれども丈夫です。

A:　　　　　　　　　　　　　　　　　　B:

3) 電車が好きです。それで毎朝(매일 아침)電車に乗ります。

A:

4) 先輩が好きです。だけど友達がもっと好きです。それで毎日友達に会います。

A:

5) お久しぶりです。最近(は)、どうですか。　お陰様で元気です。

A:　　　　　　　　　　　　　　　　　　B:

第5課 尊敬形

基礎表現

1 尊敬形Ⅰ：~(으)세요./요?(~されます〈か〉、お~です〈か〉)

1) 母音語幹+세요　　　　　　　　　보다→보세요./요?(ご覧になります〈か〉。)
2) ㄹ(리을)語幹+세요(ㄹは脱落)　　걸다→거세요./요?(お掛けになります〈か〉。)
3) 子音語幹+으세요　　　　　　　　읽다→읽으세요./요?(お読みになります〈か〉。)

　　*1 過去形は「~(으)셨어요」に、「합니다」体は「~(으)십니다./~(으)십니까?」になる。

2 尊敬形Ⅱ：~(으)세요.(お~ください、~してください)

1) 母音語幹+세요　　　　　　　　　보다→보세요.〈ご覧になってください。〉
2) ㄹ(리을)語幹+세요(ㄹは脱落)　　걸다→거세요.〈お掛けください。〉
3) 子音語幹+으세요　　　　　　　　읽다→읽으세요.〈お読みになってください。〉

　　*2 「~(으)십시오.」の方がより丁寧な表現になる。

3 名詞・代名詞+(이)세요./요?：~でいらっしゃいます〈か〉、~です〈か〉

1) 母音+세요　　　누구세요?(どなたですか。)　　할머니세요.(祖母です。)
2) 子音+이세요　　은행원이세요?(銀行員でいらっしゃいますか。)

　　*3 過去形は「~(이)셨어요./~(이)셨어요?」になる。
　　*4 「합니다」体は「~(이)십니다./~(이)십니까?」になる。

4 特殊な尊敬語

1) 存在詞の例：있다 → 계시다(いらっしゃる)　　없다 → 안 계시다(いらっしゃらない)
2) 動詞の例：먹다 → 드시다/잡수시다(召し上がる)　　마시다 → 드시다(お飲みになる)
   말하다 → 말씀하시다(おっしゃる)/말씀드리다(申し上げる)
   주다 → 드리다(差し上げる)　　자다 → 주무시다(お休みになる)
   죽다 → 돌아가시다(お亡くなりになる)
3) 名詞の例：말 → 말씀(お話)　　　　　이름 → 성함(お名前)
   나이 → 연세(お年)　　　　　밥 → 진지(お食事)
   집 → 댁(ご自宅)　　　　　생일 → 생신(お誕生日)
   ~사람 → ~분(~方)　　　　부모 → 부모님(ご両親)
   아버지 → 아버님(お父様)　　어머니 → 어머님(お母様)
4) 助詞の例：~에게/한테 → ~께(~に)　　~가/이 → ~께서(~が)
   ~는/은 → ~께서는(~は)　　~도 → ~께서도(~も)

5 실례지만, 성함이 어떻게 되세요? : 失礼ですが、お名前は?

＊「失礼ですが、お名前は何とおっしゃいますか? /お名前を教えてください。」に当たる表現。

실례지만, 연세가 어떻게 되세요? (失礼ですが、おいくつでいらっしゃいますか。)

실례지만, 주소가 어떻게 되세요? (失礼ですが、住所を教えてください。)

실례지만, 전화 번호가 어떻게 되세요? (失礼ですが、電話番号を教えてください。)

基本練習 「해요」体で答えてみましょう。

P2 5-1

1. 祖母は韓国ドラマ(한국 드라마)がお好きです。
   ☐☐☐☐ / ☐☐☐
   ☐☐☐ ☐☐ ☐☐☐☐☐.

2. ご家族の方々(가족분들)にいつお会いになりますか。
   ☐☐☐☐☐ ☐☐ ☐☐☐☐?

3. ご両親は今(지금)どこに住んでいらっしゃいますか。
   ☐☐☐☐☐ / ☐☐ ☐☐ ☐☐☐☐?

4. お客様(손님)は何名様(몇 분)でございますか。
   ☐☐☐ / ☐☐ ☐☐☐☐?

5. 発音練習(발음 연습)を沢山なさってください。そして単語帳(단어장)も作ってください。
   ☐☐☐ ☐☐ ☐☐☐ ☐☐☐.
   ☐☐☐ ☐☐☐ ☐☐☐☐. *作る:만들다

6. 毎日、本と新聞(신문)を必ず(꼭)お読みになってください。
   ☐☐☐☐☐ / ☐☐ ☐☐☐ ☐☐☐☐.

7. お食事はいつなさいましたか。(召し上がりましたか。) *식사는 하다/진지는 드시다를 용いる
   ☐☐☐ / ☐☐ ☐☐☐☐ / ☐☐☐☐?

8. 母は以前(전에)美味しいケーキ(맛있는 케이크)をしばしば(자주)お作りになりました。
   ☐☐☐ / ☐☐ ☐☐☐ ☐☐☐ ☐☐☐
   ☐☐☐☐.

9. 失礼ですが、お年は《おいくつでいらっしゃいますか》?
   ☐☐☐☐ ☐☐☐ ☐☐☐ ☐☐☐☐☐?

10. 失礼ですが、お名前は《何とおっしゃいますか》?
    ☐☐☐☐ ☐☐☐ ☐☐☐ ☐☐☐☐?

発展練習

P2 5-2-1

1. 例：선생님은/운동을 잘하다(運動するのが上手だ) →
   A：선생님께서는 운동을 잘하세요? B：네, 선생님께서는 운동을 잘하세요.

1) 할아버지는/노래를 잘 못하다(歌うのが上手ではない) →
   A：_____ B：_____

2) 할머니가/김치를 맛있게 만들다(美味しく作る) →
   A：_____ B：_____

3) 아저씨(おじさん)도/담배를 피우다(タバコを吸う) →
   A：_____ B：_____

4) 아주머니(おばさん)도/술을 마셨다(酒を飲んだ) →
   A：_____ B：_____

5) 사장님(社長さん)이/부장님(部長さん)한테/전화를 걸었다 →
   A：_____ B：_____

P2 5-2-2

2. 例：과일하고 야채를 많이 먹다(果物と野菜を多く食べる) →
   A：과일하고 야채를 많이 드세요./잡수세요.

1) 과장님께 선물을 주다(課長さんにプレゼントをあげる) →
   A：_____

2) 이따가 저한테 전화를 걸다(あとで私に電話を掛ける) →
   A：_____

3) 더우니까 창문을 열다(暑いので窓を開ける) →
   A：_____

第5課　尊敬形

4) 한국말 단어를 많이 외우다(韓国語の単語を沢山覚える) →

A: _____

5) 문장도 큰 소리로 읽다(文章も大きい声で読む) →

A: _____

🔊 P2
5-2-3

3. 例: 저 사람은 누구예요?/우리 할머니(うちの祖母)예요. →

　　　A: 저 분께서는 누구세요?　　　B: 우리 할머니세요.

1) 여보세요(もしもし). 실례지만 어디예요? → 저는 고이케 게이코예요.

A: _____　　B: _____

2) 생일이 언제예요? → 비밀(秘密)이에요.

A: _____　　B: _____

3) 가족이 몇 사람(何人)이에요? → 네 명(4名)이에요.

A: _____　　B: _____

4) 아버지도 의사예요? → 아니요, 의사가 아니예요. 변호사(弁護士)예요.

A: _____　　B: _____

5) 그 사람이 남편(夫、旦那、主人)이에요? → 아니요, 선배(先輩) 남편이에요.

A: _____　　B: _____

応用練習

● 次の日本語を「해요」体の韓国語に直してみましょう。

1) 昼食(점심)は何を召し上がりましたか。　お弁当(도시락)を食べました。
   A: _____　B: _____

2) お兄様(형님/오빠)も早く(일찍)お休みになりますか。　いいえ、毎日遅く(늦게)寝ます。
   A: _____　B: _____

3) どなたにプレゼントを差し上げましたか。　友達のご両親に差し上げました。
   A: _____　B: _____

4) どなたに申し上げましたか。　先生に申し上げました。
   A: _____　B: _____

5) 祖父母様(조부모님)はいつお亡くなりになりましたか。
   A: _____

   一昨年に(재작년에)お亡くなりになりました / 亡くなりました。
   B: _____

第6課　漢数詞

基礎表現

1 漢数詞

0	1	2	3	4	5	6	7	8	9	10	百	千	万	億	兆
공/영	일	이	삼	사	오	육	칠	팔	구	십	백	천	만	억	조

*1「千~」と「万~」の前には普通「1：일」は付けずに、「천~」、「만~」を使う。
　しかし、「1億」、「1兆」は「일」を付けて「일억~」、「일조~」と言う。

*2「6(육)」の発音：① 単独で使われたり、語頭に使われる육[육]
　　　　　　　　　②「母音・ㄹ」+육[륙]
　　　　　　　　　③「ㄹ以外の받침」+육[뉵]

2 年月日

漢数詞の後に「~년 ~월 ~일」を付ける。

*3 ただし、「6月」と「10月」は「육월」「십월」ではなく、「유월」、「시월」を使う。
　제 생년월일은 천구백구십육년 6월 6일이에요. (私の生年月日は1996年6月6日です。)

3 曜日

月	火	水	木	金	土	日
월요일	화요일	수요일	목요일	금요일	토요일	일요일

오늘은 무슨 요일이에요?　　　토요일이에요.
(今日は何曜日ですか。　　　　土曜日です。)

4 오늘(今日)と、その前後の日々

一昨昨日	一昨日	昨日	今日	明日	明後日	明々後日	弥の明後日
그끄저께	그저께	어제	오늘	내일	모레	글피	그글피

5　仮定・条件：〜(으)면〈〜れば、〜たら、〜と〉

1) 母音・ㄹ(리을)語幹＋면　　쓰다→쓰면(書けば)　　크다→크면(大きければ)

　　　　　　　　　　　　　울다→울면(泣くと)　　끌다→끌면(引くと)

2) 子音語幹＋으면　　웃다→웃으면(笑えば)　　작다→작으면(小さければ)

6　名詞・代名詞＋(이((라)))면：〜であれば、〜だったら、〜なら

1) 母音＋(라)면　　언제(라)면(いつなら)　　어제였더라면(昨日だったら)

2) 子音＋이(라)면　　1학년이(라)면(1年生なら)　　토요일이었더라면(土曜日だったら)

＊4　過去形は「母音＋였더라면/子音＋이었더라면」になる。

7　〜(으)면 되다：〜ればいい、〜たらいい

＊5「되어요」の縮約形は「돼요」

어떻게 하면 돼요?(どうすればいいですか。)

저렇게 찍으면 돼요.(あのように撮ればいいです。)

8　〜(으)면 안 되다：〜くてはならない/いけない、〜してはいけない/ならない

이렇게 닫으면 안 돼요?(このように閉めてはいけませんか。)

네, 그렇게 밀면 안 돼요.(はい、そのように押してはいけません。)

9　미안해요./미안합니다.：すみません。

＊6　謝る必要がある時のみ使う。

죄송해요./죄송합니다.：申し訳ありません。申し訳ございません。

10　괜찮아요./괜찮아요?：大丈夫です(か)。構いません(か)。

＊7「괜찮습니다./괜찮습니까?」は、よりかしこまった表現になる。

第6課　漢数詞　49

基本練習 全てハングルで「해요」体の文で書いてみましょう。

🔊 P2
6-1

1. 1兆1億1万1千111ウォン(원)ですか。

　　□□　□□　□□□□　□□□□□□？

2. 生年月日は1993年10月26日です。

　　□□□　□□□　□□□　□□□　□□□□．

3. 今日は何日(며칠)ですか。　□□□　□□□□？

　　6月18日、土曜日です。　□□□　□□□　□□□□□．

4. 私の電話番号は03の876の421です。　□□　□□□　□□□

　　□□□　□□□　□□□□□．

5. 時間(시간)があったら我が家(우리 집)に遊びに来てください。(遊びに来る：놀러 오다)

　　□□□　□□□□　□□□　□□□　□□□□．

6. ソウル駅まで(서울역까지)どのように行けばいいですか。

　　□□□□　□□□　□□□　□□□□？ ＊서울역[서울력]

7. どういうふうに食べればいいですか。　□□□　□□□　□□□□？

　　まぜて(비벼서)召し上がればいいです。　□□□　□□□　□□□□．

8. ここでは(여기선)写真を撮ってはいけませんか。〈여기선は여기에서는の縮約形〉

　　□□□　□□□　□□□　□□□□？

9. 授業中 (수업중) に居眠りをする(졸다)とだめです。

　　□□□　□□□　□□□　□□□□．

10. 申し訳ございません。大丈夫ですか。　　はい、大丈夫です。

　　□□□□□．□□□□□？　□, □□□□□．

発展練習

P2 6-2-1

1. 例：생일/언제 → 5월 28일

   A：생일이 언제예요?　　　　　B：오월 이십팔 일이에요.

   1) 생신/언제 → 6월 19일

   A：＿＿＿＿＿＿＿＿＿＿　　B：＿＿＿＿＿＿＿＿＿＿

   2) 생년월일/어떻게 되다 → 1992년 10월 6일

   A：＿＿＿＿＿＿＿＿＿＿　　B：＿＿＿＿＿＿＿＿＿＿

   3) 어제/며칠 → 4월 11일

   A：＿＿＿＿＿＿＿＿＿＿　　B：＿＿＿＿＿＿＿＿＿＿

   4) 그저께/무슨 요일 → 화요일

   A：＿＿＿＿＿＿＿＿＿＿　　B：＿＿＿＿＿＿＿＿＿＿

   5) 휴대폰 번호(番号)/몇 번 → 010/080/090-1234-5678

   A：＿＿＿＿＿＿＿＿＿＿　　B：＿＿＿＿＿＿＿＿＿＿

P2 6-2-2

2. 例：어떻게 가다/지하철로 가다 →　A：어떻게 가면 돼요?

   　　　B：지하철로 가면 돼요.　　C：지하철로 가면 안 돼요.

   1) 무엇으로 쓰다/볼펜(ボールペン)으로 쓰다 → A：＿＿＿＿＿＿＿＿＿＿

   B：＿＿＿＿＿＿＿＿＿＿　　C：＿＿＿＿＿＿＿＿＿＿

   2) 어떻게 발음(発音)하다/그렇게(そのように) 발음하다 → A：＿＿＿＿＿＿＿＿＿＿

   B：＿＿＿＿＿＿＿＿＿＿　　C：＿＿＿＿＿＿＿＿＿＿

   3) 어디서 놀다(遊ぶ)/공원(公園) → A：＿＿＿＿＿＿＿＿＿＿

   B：＿＿＿＿＿＿＿＿＿＿　　C：＿＿＿＿＿＿＿＿＿＿

4) 뭘 읽다/그 논문(論文) → A: _____

B: _____ C: _____

5) 언제 약을 먹다(薬を飲む)/식사 전(食事前) → A: _____

B: _____ C: _____

P2 6-2-3

3. 例: 누구/그 사람 → A: 누구면 돼요? 그 사람이면 돼요?

　　　B: 네, 그 사람이면 괜찮아요. C: 미안해요. 그 사람은 안 돼요.

1) 언제/모레 → A: _____

B: _____ C: _____

2) 얼마/만 원 → A: _____

B: _____ C: _____

3) 무엇/도시락(お弁当) → A: _____

B: _____ C: _____

4) 며칠/10월 10일 → A: _____

B: _____ C: _____

5) 무슨 요일/월요일 → A: _____

B: _____ C: _____

応用練習

● 次の日本語を全てハングルで「해요」体の韓国語に直してみましょう。

1) お誕生日はいつでいらっしゃいますか。　A:＿＿＿＿＿＿＿＿＿＿＿＿＿

　1938年6月16日です。

　B:＿＿＿＿＿＿＿＿＿＿＿＿＿＿＿＿＿＿＿＿＿＿＿

2) 電話番号は?(電話番号を教えてください。)

　A:＿＿＿＿＿＿＿＿＿＿＿＿＿＿＿＿＿＿＿＿＿＿＿

　○○○の○○○○の○○○○です。(自分の番号)

　B:＿＿＿＿＿＿＿＿＿＿＿＿＿＿＿＿＿＿＿＿＿＿＿

3) 国際電話(국제 전화)はどのようにかければいいですか。

　A:＿＿＿＿＿＿＿＿＿＿＿＿＿＿＿＿＿＿＿＿＿＿＿

　公衆電話(공중전화)でかければいいです。

　B:＿＿＿＿＿＿＿＿＿＿＿＿＿＿＿＿＿＿＿＿＿＿＿

4) 漢字(한자)ではこのように書けばいいですか。

　A:＿＿＿＿＿＿＿＿＿＿＿＿＿＿＿＿＿＿＿＿＿＿＿

　そのように書いてはいけません。

　B:＿＿＿＿＿＿＿＿＿＿＿＿＿＿＿＿＿＿＿＿＿＿＿

5) すみません。明々後日ならだめでしょうか。

　A:＿＿＿＿＿＿＿＿＿＿＿＿＿＿＿＿＿＿＿＿＿＿＿

　申し訳ありません。明日なら大丈夫です。

　B:＿＿＿＿＿＿＿＿＿＿＿＿＿＿＿＿＿＿＿＿＿＿＿

第7課 固有数詞

基礎表現

1 固有数詞

1) 1から99までは漢数詞の他に固有数詞もある。

1	2	3	4	5	6	7	8	9	10
하나	둘	셋	넷	다섯	여섯	일곱	여덟	아홉	열

20	30	40	50	60	70	80	90
스물	서른	마흔	쉰	예순	일흔	여든	아흔

2) 固有数詞の1〜4と20には連体形があり、助数詞の前では連体形を使う。

　　① 하나:한 〜　② 둘:두 〜　③ 셋:세 〜　④ 넷:네 〜　⑤ 스물:스무 〜

3) ただし、「21(の)〜」から「24(の)〜」の「20」の部分は「스물」のまま。

　　스물한 〜　　스물두 〜　　스물세 〜　　스물네 〜

2 助数詞

特に助数詞の前では固有数詞がよく使われる。

①　〜 명(名):〜名　　　②　〜 사람:〜人　　　③　〜 분:〜名様

④　〜 살:〜歳　　　　⑤　〜 개(個):〜個、〜つ　⑥　〜 권(巻):〜冊

⑦　〜 대(台):〜台　　⑧　〜 병(瓶):〜本　　　⑨　〜 잔(盞):〜杯

⑩　〜 마리:〜匹、〜羽

＊1 〜 번(番):①´漢数詞+번:番号、順番　②´固有数詞+번:回数
＊2 〜 인분(〜人分、〜人前)」と「〜 원(ウォン)」の前では漢数詞のみを使う。

3　時刻の言い方

「～시(時)」の前で固有数詞が使われること以外は日本語の時刻の言い方と同じ。

새벽 5시〈다섯 시〉：明け方5時

오전 1시〈한 시〉：午前1時　　　오후 2시〈두 시〉：午後2時

낮 3시〈세 시〉：昼3時　　　　　밤 9시：夜9時

아침 7시 30분：朝7時30分　　　점심 12시〈열두 시〉 반(半)：昼11時半

저녁 6시 15분 전(前)：夕方6時15分前

20시〈스무 시〉=오후/저녁 8시〈여덟 시〉：20時=午後/夕方8時
22시〈스물두 시〉=오후/밤 10시〈열 시〉：22時=午後/夜10時
23시〈스물세 시〉=오후/밤 11시〈열한 시〉：23時=午後/夜11時

정오(正午)=낮12시 정각(定刻)：昼12時丁度
자정〈子正〉=밤12시 정각(定刻)=0시〈영 시〉=24시〈스물네 시〉：夜12時丁度=0時=24時
＊3「～초」：「～秒」

4　年齢の言い方

1) 特に会話では「固有数詞《＋살》」をよく使う。
   ・지금 열여덟 《살》이에요. (今18《歳》です。)
2) 文語体としては「漢数詞＋세(歳)」がよく用いられる。
   ・정년 육십삼 세 (定年63歳)

5　～から～まで

1) 人や番号等の順番の場合：～부터 ～까지
   ・누구부터 누구까지 (誰から誰まで)　　・1번부터 8번까지 (1番から8番まで)
2) 時・時間の場合：～부터 ～까지
   ・지금부터 저녁까지 (今から夕方まで)　・정오부터 1시까지 (正午から1時まで)
3) 場所・位置の場合：～에서 ～까지
   ・여기《에》서 은행까지 (ここから銀行まで)　・학교에서 집까지 (学校から家まで)

基本練習   全てハングルで「해요」体の文で書いてみましょう。

1. 今年(올해)何歳ですか。　　　　　19歳になります。〈〜になる：〜가/이 되다〉

2. 今は午前/午後11時半/4時30分です。

3. お客様(손님)は何名様でいらっしゃいますか。　二人(둘)/2名です。

4. 教科書(교과서)を何冊買いましたか。　　　14冊買いました。

5. 学生証番号 (학생증 번호)は何番ですか。1824番です。

6. 今まで韓国に(한국에) 3回行きました。

7. プルゴギ(불고기)を何人分注文しましたか。(注文する：시키다)

　　　3人分注文しました。

8. 昨日の発表(발표)は誰から誰までしましたか。

9. 昼休み(점심 시간)は12時10分から1時丁度までです。

10. 駅(역)から郵便局(우체국)までどれぐらい(얼마쯤)かかりますか(かかる：걸리다)。

発展練習

1. 例：맥주(ビール) → 5병/있다

   A：맥주가 몇 병 있어요?   B：맥주가 다섯 병 있어요.

   1) 동생/ → 하나·1명/있다

      A: _____   B: _____

   2) 선배(先輩) → 2분/계셨다

      A: _____   B: _____

   3) 책상(机) → 13개 있다

      A: _____   B: _____

   4) 컴퓨터 → 24대 있었다

      A: _____   B: _____

   5) 도시락(お弁当) → 20인분/샀다

      A: _____   B: _____

2. 例：일어나다(起きる) → 새벽(明け方、未明) 5시

   A：몇 시에 일어나요?   B：새벽 다섯 시에 일어나요.

   1) 아침(朝食)을 먹었다 → 아침 7시

      A: _____   B: _____

   2) 전차를 타다(電車に乗る) → 오전 8시 반

      A: _____   B: _____

   3) 리포트를 내다(レポートを出す) → 오후 3시

      A: _____   B: _____

4) 친구를 만났다 → 저녁 6시 30분

A: _____ B: _____

5) 자다(寝る) → 자정/밤 12시

A: _____ B: _____

P2 7-2-3

3. 例: 오늘 당번(当番)/누구/이토 씨·사토 씨 →

  A: 오늘 당번은 누구부터 누구까지예요? B: 이토 씨부터 사토 씨까지예요.

1) 그저께 담당(担当)/누구/이애리 씨·한나연 씨 →

A: _____ B: _____

2) 학교/무슨 요일/월요일·금요일 →

A: _____ B: _____

3) 어제 수업(授業)/몇 시/9시·4시 10분 →

A: _____ B: _____

4) 팔(腕)/어디/어깨(肩)·손목(手首) →

A: _____ B: _____

5) 이 공원/어디/여기(ここ)·저기(あそこ) →

A: _____ B: _____

*1 特に会話では、「여기(ここ)・거기(そこ)・저기(あそこ)・어디(どこ)」の後に続く
  助詞の「〜에：〜に、〜へ」と「에서：〜で、〜にて」の「에」は、よく省略される。〈p.31. 3参照〉

応用練習

● 次の日本語を全てハングルで「해요」体の韓国語に直してみましょう。

1) 昨日はコーヒー(커피)を何杯お飲みになりましたか。　2杯飲みました。

　A:　　　　　　　　　　　　　　　　　B:

2) 犬(개)と猫(고양이)が何匹いますか。　8匹います。

　A:　　　　　　　　　　　　　　　　　B:

3) 今日は何ページ(페이지)から始めますか。(始める：시작하다)　38ページから始めます。

　A:　　　　　　　　　　　　　　　　　B:

4) 何日(며칠)から何日までソウルに行きますか。　明々後日から6月6日まで行きます。

　A:　　　　　　　　　　　　　　　　　B:

5) 家から学校までどれぐらいかかりますか。　1時間半位かかります。

　A:　　　　　　　　　　　　　　　　　B:

第8課 否定形と不可能形

基礎表現

1 「으」変則

語幹が母音の「ㅡ」で終わる動詞と形容詞のほとんどは、その後に아・어や아・어で始まる語尾が付いて活用する際、「ㅡ」と아・어などの初声子音字「ㅇ」は共に脱落する。

① 単音節語幹：끄다(消す)　　끄+어요 → 꺼요　　끄+었어요 → 껐어요
　　　　　　　쓰다(書く)　　쓰+어요 → 써요　　쓰+었어요 → 썼어요
　　　　　　　크다(大きい)　크+어요 → 커요　　크+었어요 → 컸어요

② 陽語幹+ㅡ：바쁘다(忙しい)　바쁘+아요 → 바빠요　바쁘+았어요 → 바빴어요
　　　　　　　아프다(痛い)　　아프+아요 → 아파요　아프+았어요 → 아팠어요
　　　　　　　고프다(空腹だ)　고프+아요 → 고파요　고프+았어요 → 고팠어요

③ 陰語幹+ㅡ：예쁘다(綺麗だ)　예쁘+어요 → 예뻐요　예쁘+었어요 → 예뻤어요
　　　　　　　기쁘다(嬉しい)　기쁘+어요 → 기뻐요　기쁘+었어요 → 기뻤어요
　　　　　　　슬프다(悲しい)　슬프+어요 → 슬퍼요　슬프+었어요 → 슬펐어요

2 否定形

1) 動詞と形容詞の前に「안」を置く前置否定形と、
2) 動詞と形容詞の語幹の後に「～지 않다」を付ける後置否定形がある。

3 不可能形

1) 動詞と存在詞있다の前に「못」を置く前置不可能形と、
2) 動詞と存在詞있다の語幹の後に「～지 못하다」を付ける後置不可能形がある。

4 「名詞+하다」動詞

「名詞+하다」動詞の前置否定形と前置不可能形は、
名詞と하다の間に「안」や「못」を入れる。

5 否定形と不可能形の対照

구분(区分)	前置否定形	後置否定形	前置不可能形	後置不可能形
살다	안 살아요	살지 않아요	못 살아요	살지 못해요
읽다	안 읽어요	읽지 않아요	못 읽어요	읽지 못해요
끄다	안 꺼요	끄지 않아요	못 꺼요	끄지 못해요
쓰다	안 써요	쓰지 않아요	못 써요	쓰지 못해요
일하다	일 안 해요	일하지 않아요	일 못 해요	일하지 못해요
공부하다	공부 안 해요	공부하지 않아요	공부 못 해요	공부하지 못해요

6 存在詞⟨①・②⟩と指定詞⟨③⟩の否定

① 있다 ⇔ 없다

남동생이 있어요?　　　　　　　　　아니요, 남동생은 없어요.
(弟さんはいますか。　　　　　　　　いいえ、弟はいません。)

그 영화 재미있었어요?　　　　　　　별로 재미없었어요.
(その映画、面白かったですか。　　　　あまり面白くありませんでした。)

② 계시다 ⇔ 안 계시다

고향에 누가 계세요?　　　　　　　　아무도 안 계세요.
(故郷にどなたがいらっしゃいますか。　誰もいません。)

선생님은 어디 계세요?　　　　　　　아무데도 안 계세요.
(先生はどこにいらっしゃいますか。　　どこにもいらっしゃいません。)

③ ~이다 ⇔ ~⟨가/이⟩ 아니다

약속 시간이 세 시예요?　　　　　　 세 시가 아니에요. 네 시예요.
(約束時間は3時ですか。　　　　　　　3時ではありません。4時です。)

고등학생이에요?　　　　　　　　　　고등학생이 아니에요. 중학생이에요.
(高校生ですか。　　　　　　　　　　高校生ではありません。中学生です。)

基本練習　「해요」体で答えてみましょう。

P2
8-1

1. 火(불)(を)消しましたか。　　　　はい、消しました。

2. 毎日日記(일기)を書きますか。

   いいえ、毎日は書きません。

3. 週末(주말)は忙しかったですか。　　はい、ちょっと(좀)忙しかったです。

4. 大分(많이)痛かったですか。　　まったく(하나도)痛くありませんでした。

5. お腹(배)(が)すいていませんか。　　ものすごく(너무 너무)すいています。

6. 熱心に(열심히)勉強しましたか。　　全然(전혀)できませんでした。

7. 明日は営業しますか。(営業する：영업하다)

   明日も営業できません。

8. 故郷に親戚の方(친척분)がいらっしゃいますか。

   誰もい(らっしゃい)ません。

9. 鞄の中(가방 안)に何がありますか。　　何も(아무것도)ありません。

10. 日韓辞書(일한사전)ではありません。　　韓日辞書です。

発展練習

P2 8-2-1

1. 例：그림(絵)이 예쁘다(奇麗だ) →
   　　　B：그림이 안 예뻤어요.

   A：그림이 예뻤어요?
   C：그림이 예쁘지 않았어요.

   1) 리포트(レポート)를 쓰다 →

   B：＿＿＿＿＿＿＿＿＿＿＿＿＿

   A：＿＿＿＿＿＿＿＿＿＿＿＿＿
   C：＿＿＿＿＿＿＿＿＿＿＿＿＿

   2) 키가 크다(背が高い) →

   B：＿＿＿＿＿＿＿＿＿＿＿＿＿

   A：＿＿＿＿＿＿＿＿＿＿＿＿＿
   C：＿＿＿＿＿＿＿＿＿＿＿＿＿

   3) 알바(アルバイト)가 바쁘다 →

   B：＿＿＿＿＿＿＿＿＿＿＿＿＿

   A：＿＿＿＿＿＿＿＿＿＿＿＿＿
   C：＿＿＿＿＿＿＿＿＿＿＿＿＿

   4) 공기(空気)가 깨끗하다(きれいだ) →

   B：＿＿＿＿＿＿＿＿＿＿＿＿＿

   A：＿＿＿＿＿＿＿＿＿＿＿＿＿
   C：＿＿＿＿＿＿＿＿＿＿＿＿＿

   5) 교실(教室)이 조용하다(静かだ) →

   B：＿＿＿＿＿＿＿＿＿＿＿＿＿

   A：＿＿＿＿＿＿＿＿＿＿＿＿＿
   C：＿＿＿＿＿＿＿＿＿＿＿＿＿

P2 8-2-2

2. 例：아침(朝食)을 먹다 →
   　　　B：아침을 못 먹었어요.

   A：아침을 먹었어요?
   C：아침을 먹지 못했어요.

   1) 신문(新聞)을 읽다 →

   B：＿＿＿＿＿＿＿＿＿＿＿＿＿

   A：＿＿＿＿＿＿＿＿＿＿＿＿＿
   C：＿＿＿＿＿＿＿＿＿＿＿＿＿

   2) 자료(資料)를 모으다(集める) →

   B：＿＿＿＿＿＿＿＿＿＿＿＿＿

   A：＿＿＿＿＿＿＿＿＿＿＿＿＿
   C：＿＿＿＿＿＿＿＿＿＿＿＿＿

第8課　否定形と不可能形

3) 애인(恋人)을 만나다 →

A: _____

B: _____

C: _____

4) 영화를 보다 →

A: _____

B: _____

C: _____

5) 칵테일(カクテル)을 마시다 →

A: _____

B: _____

C: _____

P2 8-2-3

3. 例: 호텔(ホテル)을 예약하다(予約する) →

A: 호텔을 예약했어요?

B: 호텔을 예약 안 했어요.

C: 호텔을 예약 못 했어요.

1) 시내(市内)를 구경하다(見物する)

B: _____

C: _____

2) 문자(メール)를 확인하다(確認する) →

A: _____

B: _____

C: _____

3) 서랍(引き出し)을 정리하다(整理する) →

A: _____

B: _____

C: _____

4) 약속을 취소하다 (取り消す) →

A: _____

B: _____

C: _____

5) 이유(理由)를 설명하다(説明する) →

A: _____

B: _____

C: _____

応用練習

● 次の日本語を「해요」体の韓国語に直してみましょう。

1) 誰が一番(제일)背が高いですか。　　A：

弟が一番背が高いです。

B：

2) 趣味(취미)は何ですか。　　A：

昔は(옛날에는)切手(우표)を集めました。今は集めません。

B：

3) 平日も(평일에도)ご両親に(부모님께)電話しますか。　A：

平日は(평일에는)電話しません。

B：

4) どうして遅れましたか。(遅れる：늦다)　A：

電車に乗れなかったです。

B：

5) 一人で(혼자서)仕事をしますか。　A：

一人では(혼자서는)仕事できません。

B：

第8課　否定形と不可能形

第9課 願望や逆接

1 ~고:~て、~し

用法① 並列的な羅列

값이 싸고 양이 많아요. (値段が安く量が多いです)

用法② 時間に沿った羅列

손을 씻고 밥을 먹어요. (手を洗ってご飯を食べます)

用法③ 同時に起きる出来事

바람도 불(었)고 눈도 왔어요. (風も吹き雪も降りました)

用法④ 動作終了後の状態の持続

가방을 들고 학교에 가요. (鞄を持って学校へ行きます)

2 ~고 싶다:~したい〈1・2人称主語の願望〉

누굴 만나고 싶어요? (誰に会いたいですか)　　후배(後輩)를 만나고 싶어요.

어디서 살고 싶어요? (何処で暮したいですか)　　시골(田舎)에서 살고 싶어요.

뭘 읽고 싶었어요? (何を読みたかったのですか)　　잡지(雜誌)를 읽고 싶었어요.

3 ~고 싶어하다:~したがる〈3人称主語の願望〉

형은 어디((에))들르고 싶어해요? (お兄さんは何処に立ち寄りたがっていますか)

　　면세점(免税店)에 들르고 싶어해요.

오빠는 뭘 듣고 싶어해요? (お兄さんは何を聞きたがっていますか)

　　재즈(ジャズ)를 듣고 싶어해요.

언제 가고 싶어하세요? (いつおいでになりたがっていますか)

　　주말(週末)에 가고 싶어하세요.

4　～지만：～が、～けれども〈逆接〉

시간은 있지만 돈이 없어요. (時間はあるけどお金がありません)

외국인이지만 한글을 잘 써요. (外国人だけどハングルを書くのが上手です)

사람이 많지만 편리해요. (人が多いけど便利です)

서울에 가고 싶지만 일이 바빠요. (ソウルに行きたいけど仕事が忙しいです)

눈이 왔지만 춥지 않아요. (雪が降りましたが寒くありません)

5　～ㅂ/습니다만：～ですが、～ますが

도코로입니다만 김 선생님 계세요? (所ですが、金先生いらっしゃいますか)

물건은 좋습니다만 좀 비싸네요. (品物はいいですが、ちょっと高いですね)

좀 멉니다만 그래도 가 보고 싶어요. (ちょっと遠いですが、それでも行って見たいです)

　　　　　　　　　　＊遠い：멀다

바람이 붑니다만 날씨는 좋아요. (風が吹いていますが、天気はいいです)

6　このまま覚えよう！

① 실례지만：失礼ですが

② 실례합니다만：失礼しますが

③ 미안하지만：すまないが

④ 미안합니다만：すみませんが

⑤ 죄송하지만：申し訳ないですが

⑥ 죄송합니다만：申し訳ございませんが

基本練習　「해요」体で答えてみましょう。

1. 私は大学生で妹は中学生です。

　□□ □□ □□□ □□□□□□.

2. 夕食(저녁)を食べて、シャワーを浴びて(샤워를 하다)、寝ました。

　□□ □□ □□ □□ □□□.

3. 友達がギターを弾いて(기타를 치다)私は歌を歌いました(歌を歌う；노래를 하다)。

　□□ □□ □□ □□ □□ □□□.

4. 誰が新しい靴(새 구두)を履いて(신다)きたのですか。(履く；신다)

　□□ □□ □□ □□□?

5. 何を食べたいですか。　　海苔巻き(김밥)が食べたいです。

　□□ □□□? □□□ □□□.

6. 何の勉強をしたがっていますか。　言語学(언어학)を勉強したがっています。

　□□ □□□ □□ □□□?

　□□□ □□ □□□.

7. 熱心に覚える(외우다)けれども、すぐ(금방)忘れてしまいます。(忘れてしまう；잊어버리다)

　□□ □□□ □□ □□□.

8. 遠くはありませんが、時間が相当(상당히)かかります。(時間がかかる；시간이 걸리다)

　□□ □□□ □□ □□□.

9. 失礼ですが、お名前をハングルではどう書きますか。

　□□□□ □□ □□□ □□□□ □□ □□□?

10. 申し訳ないですが、ちょっと時間おありですか。

　□□□□□ □□ □□ □□□?

　今はないけど午後にはあります。

　□□ □□□ □□□ □□□.

発展練習

P2 9-2-1

1. 例) : 하숙집(下宿)은 어때요? → 학교에서 가깝다(近い)/방(部屋)이 좁다(狭い)

    A : 학교에서 가깝고 방이 좁아요.   B : 학교에서 가깝지만 방이 좁아요.

1) 학생 식당(学食)은 어때요? → 값이 싸다/사람이 많다

    A : _____   B : _____

2) 날씨는 어때요? → 강풍이 불다(強風が吹く)/기온이 높다(気温が高い)

    A : _____   B : _____

3) 신칸센은 어때요? → 아주(とても) 빠르다(速い)/조용하다

    A : _____   B : _____

4) 이 케이크(ケーキ)는 어땠어요?(どうでしたか) → 좀 달다(甘い)/맛있다

    A : _____   B : _____

5) 그 호텔은 어땠어요? → 좀 비싸다/깨끗하다

    A : _____   B : _____

P2 9-2-2

2. 例) : 오후에 뭘 하다 → 운동/공부   A : 오후에 뭘 하고 싶어요?

    B : 운동은 하고 싶지만 공부는 하고 싶지 않아요.

1) 무슨 음악을 듣다 → 실내악(室内楽)/관현악(管弦楽)

    A : _____

    B : _____

2) 어떤(どんな) 책을 읽다 → 시집(詩集)/수필(随筆)

    A : _____

    B : _____

3) 나중에(あとで) 뭐가 되다 → 기업가(起業家)/사장(社長)

A: _____

B: _____

4) 어젯밤(昨夜)에 뭘 마시다 → 맥주/소주(焼酎)

A: _____

B: _____

5) 지난주 말(先週末)에 어디 가다 → 면세점(免税店)/백화점(デパート)

A: _____

B: _____

3. 例) : 동생/뭘 보다/만화(漫画) →

    A : 동생은 뭘 보고 싶어해요?   B : 만화를 보고 싶어해요.

1) 그 선배/뭘 만들다(作る)/독서 동아리(読書サークル) →

A: _____   B: _____

2) 언니/어떤 드라마를 보다/사극(時代劇) →

A: _____   B: _____

3) 누나/무슨 음악(音楽)을 듣다(聴く)/클래식 →

A: _____   B: _____

4) 후배/나중에 뭐가 되다/연구자(研究者) →

A: _____   B: _____

5) 저 학생/어느(どの) 학교에 유학하다(留学する)/서울대학교 →

A: _____   B: _____

応用練習

● 次の日本語を「해요」体の韓国語に直してみましょう。

1) 休日は(휴일에는)何をしますか。　　　　掃除(청소)もして洗濯(세탁)もします。
   A:　　　　　　　　　　　　　　　　　　B:

2) 週末は(주말에는)何をしたいですか。　　本を読んで映画も観たいです。
   A:　　　　　　　　　　　　　　　　　　B:

3) どんな贈り物(선물)を貰いたがっていますか。 新しい服(새 옷)を貰いたがっています。
   A:　　　　　　　　　　　　　　　　　　B:

4) すまないが、紅茶(홍차)はありませんか。
   A:

   申し訳ありませんが紅茶はなく、コーヒー(커피)があります。
   B:

5) 失礼ですが、韓国の方ですか。
   A:

   私は日本人で、友達は中国人(중국 사람)です。
   B:

第9課　願望や逆接

第10課 意志と推量

基礎表現

1 「~ㄹ/을까요?」：① ~しましょうか〈聞き手の諾否を尋ねる表現〉
② ~でしょうか〈3人称主語の場合は疑問・推量の意を表す〉

*1 母音語幹+ㄹ까요?　　　ㄹ語幹(脱落)+ㄹ까요?　　　子音語幹+을까요?

① ; 언제 갈까요?　　　　창문을 열까요?　　　같이 먹을까요?
　　(いつ行きましょうか。)　(窓をあけましょうか。)　(一緒に食べましょうか。)

② ; 누가 할까요?　　　　바람이 불까요?　　　맛있을까요?
　　(誰がするでしょう。)　(風がふきますかね。)　(美味しいですかね。)

2 「~ㄹ/을 거예요./?」：① ~するつもりです(か)〈意志〉
② ~(する)でしょう〈推量〉

① ; 영화를 볼 거예요.　　　뭘 만들 거예요?　　　누가 읽을 거예요?
　　(映画を観るつもりです。)　(何を作るつもりですか。)　(誰が読むつもりですか。)

② ; 비가 올 거예요.　　　즐겁게 놀 거예요.　　　좀 늦을 거예요.
　　(雨が降るでしょう。)　(楽しく遊んでいるでしょう。)　(少し遅れるでしょう。)

*2 「~ㄹ/을 거예요」の発音は[ㄹ/을 꺼에요]になる。

3 「ㅂ(비읍)」変則

語幹が「ㅂ」で終わる動詞と形容詞の中には、その後に〈아・어〉や〈아・어で始まる語尾〉が付くと、「ㅂ」の部分が①「오」に変わるものと、②「우」に変わるものがある。③しかし、「ㅂ」変側する動詞と形容詞の語幹の後に〈으〉や〈으で始まる語尾〉が付くと、〈ㅂ+으〉の部分は全て「우」に変わる。

① ; 돕다(手伝う、助ける)　도와요　도왔어요　　③ ; 도울까요?　도울 거예요
　　곱다(きれいだ)　　　　고와요　고왔어요　　　　고울까요?　고울 거예요

*3 곱다(かじかむ), 좁다(狭い), 수줍다(恥ずかしい), 굽다(曲がっている)などは規則。

　　곱아요　　곱았어요　　곱을까요?　　곱을 거예요
　　좁아요　　좁았어요　　좁을까요?　　좁을 거예요

② ; 덥다(暑い)　　더워요　더웠어요　　③ ; 더울까요?　더울 거예요
　　맵다(辛い)　　매워요　매웠어요　　　　매울까요?　매울 거예요

굽다(焼く)	구워요	구웠어요	구울까요?	구울 거예요
눕다(横たわる)	누워요	누웠어요	누울까요?	누울 거예요

4 「ㄹ(리을)」語幹:「ㄹ」語幹は〈SPON〉の前で脱落する。

구분(区分)	＋S/ㅅ	＋P/ㅂ	＋O/오	＋N/ㄴ
걸다(かける)	거세요	겁니다	거오	거는 ～
밀다(押す)	미세요	밉니다	미오	미는 ～
알다(知る、分かる)	아세요	압니다	아오	아는 ～
팔다(売る)	파세요	팝니다	파오	파는 ～

コラム ― 한국과 일본(韓国と日本)

韓国		日本
100,210㎢	面積	377,914㎢
大陸性気候	気候	海洋性気候
亜寒帯冬季少雨気候		亜寒帯湿潤夏冷涼気候
温帯夏雨気候、温暖湿潤気候		温帯多雨夏高温気候、熱帯雨林気候
約5,000万	人口(2012)	約1億2,700万
男:77歳　女:84歳	平均寿命	男:79歳　女:86歳
1兆6,220億ドル	GDP(PPP)(2012)	4兆6168億ドル
32,431ドル	1人当たりGDP(2012)	36,179ドル
共和国　大統領制	政治体制	立憲君主制　議員内閣制
太国旗(태극기)	国旗	日章旗
愛国歌(애국가)	国歌	君が代
ムクゲ(무궁화)	国花	桜〈法定ではない〉
1特別市、6広域市、1特別自治市、8道、1特別自治道	行政区域	1都、1道、2府、43県
6－3－3－4	学制	6－3－3－4
99.0%	識字率(2012)	99.0%

基本練習 「해요」体で答えてみましょう。

1. 何を注文しましょうか。(注文する : 시키다)　　キムチチゲ(김치찌개)を食べたいです。

2. 値段が安いですかね。　　それ程(그다지)高くないでしょう。

3. いつ電話をかけるつもりですか。

　　あとで(이따가)かけるつもりです。

4. 明日の天気(내일 날씨)はどうですか。　　雪が降るでしょう。〈雪が降る : 눈이 오다〉

5. 家が狭い(좁다)ですか。　　はい、ちょっと狭いでしょう。

6. 誰が仕事を手伝うつもりですか。

　　私が手伝うつもりですか。

7. 今日も寒い(춥다)ですかね。　　はい、多分(아마)寒いでしょう。

8. 野菜(야채)も焼きましょうか。

　　はい。魚(생선)も焼くつもりです。

9. 部屋が暑いです。　　窓を開けてください。〈窓を開ける : 창문을 열다〉

10. 誰が点数(점수)をご存知ですか。

　　先生がご存知でしょう。

Part II　実用会話

発展練習

P2 10-2-1

1. 例：어디서 공부하다/도서관 →

   A：어디서 공부할 거예요?　　　B：도서관에서 공부할 거예요.

   1) 언제부터 일기(日記)를 쓰다(書く) → 내일(明日)

   A：＿＿＿＿＿＿＿＿＿＿＿＿＿　B：＿＿＿＿＿＿＿＿＿＿＿＿＿

   2) 무슨 책을 읽다/역사 책(歴史の本) →

   A：＿＿＿＿＿＿＿＿＿＿＿＿＿　B：＿＿＿＿＿＿＿＿＿＿＿＿＿

   3) 몇 시에 전화를 걸다/1시 반쯤(頃) →

   A：＿＿＿＿＿＿＿＿＿＿＿＿＿　B：＿＿＿＿＿＿＿＿＿＿＿＿＿

   4) 빵을 몇 개 만들다/20개쯤(位) →

   A：＿＿＿＿＿＿＿＿＿＿＿＿＿　B：＿＿＿＿＿＿＿＿＿＿＿＿＿

   5) 고기를 얼마쯤 굽다/5인분 →

   A：＿＿＿＿＿＿＿＿＿＿＿＿＿　B：＿＿＿＿＿＿＿＿＿＿＿＿＿

P2 10-2-2

2. 例：짐(荷物)이 언제 도착하다(届く)/모레쯤 →

   A：짐이 언제 도착할까요?　　　B：모레쯤 도착할 거예요.

   1) 손님이 몇 명쯤 오다/12명쯤 →

   A：＿＿＿＿＿＿＿＿＿＿＿＿＿　B：＿＿＿＿＿＿＿＿＿＿＿＿＿

   2) 아이들(子供達)이 지금 어디서 놀다/공원 →

   A：＿＿＿＿＿＿＿＿＿＿＿＿＿　B：＿＿＿＿＿＿＿＿＿＿＿＿＿

   3) 누가 이런(このような) 저택(邸宅)에 살다/부자(お金持ち) →

   A：＿＿＿＿＿＿＿＿＿＿＿＿＿　B：＿＿＿＿＿＿＿＿＿＿＿＿＿

4) 서점(書店)이 언제쯤 문을 열다(開店する)/9시 15분 전쯤 →

A: _____ B: _____

5) 이 김치는 맵다/그다지 안 맵다 →

A: _____ B: _____

🔊 P2
10-2-3

3. 例: 교실(教室)이 좀 춥다 →

　　　A: 교실이 좀 추울 거예요.　　B: 네, 교실이 좀 추워요.

1) 색깔(色)이 아주(とても) 곱다(きれいだ) →

A: _____ B: _____

2) 문제(問題)가 좀 어렵다(難しい) →

A: _____ B: _____

3) 길(道)이 아주 좁다 →

A: _____ B: _____

4) 후배(後輩)가 열심히(熱心に) 일을 돕다 →

A: _____ B: _____

5) 경치(景色)가 아주 아름답다(美しい) →

A: _____ B: _____

応用練習

● 次の日本語を「해요」体の韓国語に直してみましょう。

1) 今日の夕方(저녁에)何をするつもりですか。　韓国映画を観るつもりです。

   A:

   B:

2) 僕(나)も一緒に引越し(이사)を手伝いましょうか。

   A:

   私一人でも(혼자서도)大丈夫でしょう。

   B:

3) 試験問題(시험 문제)が難しいですかね。

   A:

   おそらく易しい(쉽다)でしょう。

   B:

4) その先輩は私の電話番号を知っていますかね。

   A:

   多分知らない(모르다)でしょう。

   B:

5) おかず(반찬)が少し辛いでしょう。

   A:

   大丈夫です。辛くありません。〈前置否定形で〉

   B:

第11課 移動の目的や選択

基礎表現

1 〜(으)러 : 〜(を)しに、〜(を)するために〈移動の目的〉

*1 〜(으)러の後には普通가다(行く)、오다(来る)など「移動」の意を表す動詞が続く。

　　1) 母音+라도　　　2) ㄹ語幹+러　　　3) 子音語幹+으러

1) : 한국말을 배우러 서울에 갔어요. (韓国語を習いにソウルに行きました。)

2) : 가족하고 우리 집에 놀러 오세요. (ご家族とうちに遊びにおいでください。)

3) : 사진을 찍으러 공원에 갈까요? (写真を撮りに公園に行きましょうか。)

2 体言+(이)라도 : 〜でも
〈あまり満足に思われない対象を仕方なく選択する際に使う〉

　　1) 母音+라도　　　2) 子音+이라도

1) : 시간이 있으면 알바라도 해. (時間があったらアルバイトでもしなさい。)

　　인스턴트 커피라도 마시고 싶어. (インスタントコーヒーでも飲みたい。)

2) : 심심하면 소설이라도 읽으세요. (退屈だったら小説でも読んでください。)

　　배(가)고프면 컵라면이라도 먹을까? (お腹空いたなら、カップラーメンでも食べようか。)

＊疑問詞+(이)라도 : 譲歩の意を表す。

　　① 누구라도 : 誰でも　　　누구라도 대환영입니다. (誰でも大歓迎です。)

　　② 언제라도 : いつでも　　시간은 언제라도 괜찮아요? (時間はいつでも構いませんか。)

　　③ 어디라도 : どこでも　　외국이면 어디라도 좋아요. (外国であれば何処でもいいです。)

　　④ 뭐라도/무엇이라도 : 何でも　　뭐라도/무엇이라도 상관없어요. (何でも結構です。)

3　羅列や選択の表現

1 体言+(이)나：～や～、～か～、～または～、～あるいは～
　　　　　　〈①体言の羅列、②二つ以上の体言の内一つを選択〉

　　1) 母音+나　　　　2) 子音+이나

　1)：주말에는 영화나 연극을 봐요. (週末は映画や演劇を観ます。)

　　　잡지나 만화는 없어요? (雑誌か漫画はありませんか。)

　2)：집 근처에서 조깅이나 산책을 해. (家の近くでジョギングや散歩をするの。)

　　　냉면이나 비빔밥을 먹고 싶어. (冷麺かビビンバが食べたいです。)

2 用言+거나：～(し)たり～する、～(する)か～する
　　　　　　〈二つ以上の動作・状態を羅列〉

　　1) 母音 / 2) ㄹ / 3) 子音語幹+거나

　1)：유학을 가거나 취직할 거예요. (留学するか就職するつもりです。)

　2)：요리를 만들거나 청소를 하거나 해요. (料理を作ったり掃除をしたりします。)

　3)：아마 집에 있거나 시장에 갈 거예요. (多分家にいるか市場に行くでしょう。)

4　～ㅂ/읍시다：～しましょう〈積極的な提案〉

　　1) 母音語幹+ㅂ시다　　2) ㄹ語幹(脱落)+ㅂ시다　　3) 子音語幹+읍시다

1)：한국말 단어를 많이 외웁시다. (韓国語の単語を沢山覚えましょう。)

2)：시험이 끝나면 마음껏 놉시다. (試験が終わったら思う存分遊びましょう。)

3)：매일 아침 조간을 읽읍시다. (毎朝朝刊を読みましょう。)

5　～(으)려고 하다：～しようと思う、～するつもりだ
　　　　　〈主語の意図や将来の予定・計画〉

　　1) 母音語幹+려고 하다　　2) ㄹ語幹+려고 하다　　3) 子音語幹+으려고 하다

1)：오늘부터 일기를 쓰려고 해요. (今日から日記を書くつもりです。)

2)：내일은 한국 요리를 만들려고 해. (明日は韓国料理を作ろうと思っている。)

3)：집안일을 될수록 많이 도우려고 해요. (家事をできるだけ多く手伝うつもりです。)

基本練習 *1~3以外は「해요」体で答えてみましょう。<縮約形のある場合は縮約形で>

P2 11-1

1. 友達に会いに釜山(부산)に行ってきました。 *行ってくる：갔다 오다

   ☐☐ ☐☐ ☐☐☐ ☐☐☐ ☐☐☐☐ .

2. その人は日本に住むために来たでしょう。

   ☐☐ ☐☐ ☐☐☐ ☐☐ ☐☐ ☐☐☐☐ .

3. 退屈です。洗濯(세탁)か部屋の掃除(방 청소)でもしましょう。

   ☐☐☐ . ☐☐☐ ☐ ☐☐ ☐☐☐☐ ☐☐☐ .*1

4. クラシックを聴いたり古典文学(고전 문학)を読むつもりです。

   ☐☐☐☐ ☐☐☐☐ ☐☐ ☐☐☐ ☐☐☐

   ☐☐ .

5. 外国人(외국인)でも大丈夫ですか。　☐☐☐☐☐ ☐☐☐☐ ?

   誰でも大丈夫です。　☐☐☐ ☐☐☐ .

6. 駅の改札口(개찰구)かバス停(버스 정류장)、何処でもいいです。

   ☐ ☐☐☐ ☐ ☐☐ ☐☐☐ , ☐☐☐ ☐☐☐ .

7. 肉か魚をもう少し焼きましょう。

   ☐☐ ☐☐ ☐ ☐ ☐☐☐ .*2

8. 故郷に時々(종종)手紙を書いたり電話をかけ(たりし)ましょう。

   ☐☐☐ ☐☐ ☐☐☐ ☐☐ ☐☐☐ ☐☐☐ .*3

9. いつも(늘)野菜や果物(과일)を沢山食べようと思っています。

   ☐ ☐☐☐ ☐☐☐ ☐☐ ☐☐☐☐ ☐☐☐ .

10. 図書館で本を読んだりレポートを書こうと思っています。　☐☐☐

    ☐☐☐ ☐☐ ☐☐☐ ☐☐☐☐ ☐☐☐ .

80　PartⅡ 実用会話

発展練習

1. 例：영화를 보다 →　　A：같이 영화를 보러 갈까요?
　　　　　　　　　　　　B：네, 영화를 보러 갑시다.

　1) 노래를 부르다 →　　A：
　　　　　　　　　　　　B：

　2) 국제 전화를 걸다 →　A：
　　　　　　　　　　　　B：

　3) 짐을 찾다(荷物を受け取る) → A：
　　　　　　　　　　　　B：

　4) 이사를 돕다 →　　　A：
　　　　　　　　　　　　B：

　5) 은행을 줍다(銀杏を拾う) → A：
　　　　　　　　　　　　B：

2. 例：TV/DVD/보다 →　 A：TV나 DVD라도 보려고 해요.
　　　　　　　　　　　　B：네, TV나 DVD라도 봅시다.

　1) 홍차(紅茶)/커피/마시다 → A：
　　　　　　　　　　　　B：

　2) 피자(ピザ)/스파게티(スパゲッティ)/만들다 →

　　　　　　　　　　　　A：
　　　　　　　　　　　　B：

第11課　移動の目的や選択　81

3) 신문(新聞)/잡지(雑誌)/읽다 →　　A:
　　　　　　　　　　　　　　　　B:

4) 청소/세탁(洗濯)/돕다 →　　　A:
　　　　　　　　　　　　　　　　B:

5) 햄(ハム)/소시지(ソーセージ)/굽다 → A:
　　　　　　　　　　　　　　　　B:

🔊 P2
11-2-3

3. 例：쇼핑(ショッピング)을 하다/시내를 구경하다(市内を見物する) → A：뭘 할 거예요?
　　B：쇼핑을 하거나 시내를 구경하려고 해요.

1) 예습(予習)을 하다/리포트를 쓰다 →　　A:

B:

2) 복습(復習)을 하다/자료를 찾다(資料を探す) → A:

B:

3) 가족하고 공원에서 놀다/사진을 찍다 →　　A:

B:

4) 문자를 보내다(メールを送る)/전화를 걸다 → A:

B:

5) 숙제(宿題)를 하다/집안일을 돕다 →　　A:

B:

82　Part Ⅱ 実用会話

応用練習

● 次の日本語を「해요」体の韓国語に直してみましょう。〈(4)のBは除く〉

1) 何をしたいですか。　　　　　　　　家族と日本に遊びに行きたいです。
   A:　　　　　　　　　　　　　　　　B:

2) 暑くありませんか。　　　　　　　　窓(창)でも開けましょうか。〈開け：열다〉
   A:　　　　　　　　　　　　　　　　B:

3) 約束の場所(약속 장소)と時間は？　　何処でも、いつでも構いません。
   A:　　　　　　　　　　　　　　　　B:

4) お腹空いてませんか。　　　　　　　お菓子(과자)か果物でも食べましょう。
   A:　　　　　　　　　　　　　　　　B:

5) 今度の(이번)日曜日は何をしますか。

   A:

   家で音楽を聴いたり、昼寝をする(낮잠을 자다)つもりです。

   B:

第12課 連用形と連用形を含む表現

基礎表現

1 用言の연용형(連用形):～て

＊第2課の1.「해요」体を参照

① 陽語幹＋아　　② 陰語幹＋어　　③ 하語幹＋여

〈연용형의 축약형〉

1) ㅏ＋아 → ㅏ
   사다(買う)：사＋아 → 사

2) ㅐ＋어 → ㅐ
   내다(出す)：내＋어 → 내

3) ㅓ＋어 → ㅓ
   서다(立つ)：서＋어 → 서

4) ㅔ＋어 → ㅔ
   세다(強い)：세＋어 → 세

5) ㅕ＋어 → ㅕ
   켜다(点ける)：켜＋어 → 켜

6) ㅗ＋아 → ㅘ
   보다(見る)：보＋아 → 봐

7) ㅚ＋어 → ㅙ
   되다(なる)：되＋어 → 돼

8) ㅜ＋어 → ㅝ
   주다(あげる)：주＋어 → 줘

9) ㅣ＋어 → ㅕ
   지다(散る)：지＋어 → 져

10) 하＋여 → 해
   말하다(話す)：말하＋여 → 말해

＊오다(来る)の連用形「와」と上記の1),3),5)は、縮約形だけを使う

2 연용형＋있다:～ている〈状態の進行〉

＊第3課の2.「動作の進行」を参照

살다：살아 있다(生きている)　　　서다：서 있다(立っている)
눕다：누워 있다(横になっている)

3 연용형＋보다:～てみる〈試みの表現〉

가다：가 보다(行って見る)　오다：와 보다(来て見る)　　하다：해 보다(やってみる)

4　연용형+주다：① ～てあげる　② ～てくれる

사다：사 주다(買ってあげる/くれる)　　　쓰다：써 주다(書いてあげる/くれる)

가르치다：가르쳐 드리다(教えて差し上げる/お教えする)

＊연용형+드리다(～て差し上げる)

5　～(으)면서《도》：～(し)ながら《も》〈同時進行〉、～でありながら《も》

보다：보면서(見ながら)　　　놀다：놀면서(遊びながら)

읽다：읽으면서(読みながら)　　　돕다：도우면서(手伝いながら)

6　～네요：～ですね、～ますね〈会話で多用される柔らかい文末語尾〉

크다：크네요(大きいですね)　　줄다：주네요(減りますね)　　없다：없네요(ないですね)

7　「ㄷ(디귿)」変則

語幹が「ㄷ」で終わる動詞の一部は、その後に「아, 어, 으」などの母音が続くと、語幹末の「ㄷ」が「ㄹ」に変わる。

묻다(埋める:規則)：　묻어요.　묻었어요.　묻으면서　묻을까요?　묻읍시다.
묻다(尋ねる:変則)：　물어요.　물었어요.　물으면서　물을까요?　물읍시다.

・規則動詞：닫다(閉める)　묻다(埋める)　믿다(信じる)　받다(受ける)　얻다(得る)など
・変則動詞：걷다(歩く)　깨닫다(気づく)　듣다(聴く)　묻다(尋ねる)　싣다(載せる)
　　　　　　치닫다(駆け上がる)など

基本練習   8.の＊以外は、「해요」体と＜縮約形＞で答えてみましょう。

1. 今どこですか。　　　　　　　駅の前の書店に来ています。

2. この魚(물고기)、生きていますか。

   手で触ってみてください。＜触る：만지다＞

3. 明かり(불)を点けてみましょうか。　　はい、点けてください。

4. 赤ん坊(아기)を抱いて(안다)あげましょうか。いいえ、おんぶして(업다)あげてください。

5. 仕事をお手伝いしましょうか。はい、手伝ってください。

6. 辞書を引きながら居眠りをしますね。＜辞書を引く：사전을 찾다, 居眠りをする：졸다＞

7. 安くて美味しい(맛있는)料理(음식/요리)が多いですね。

8. 誰に道(길)を尋ねましょうか。

   警察(경찰)に尋ねましょう。

9. その子は(그 앤) いつも一人で本を読みながら遊びます。

10. 音楽を聴きながら勉強をしてはいけませんか。

発展練習

1. 例：오빠/한국에 가다 →

　A：오빠는 한국에 가고 있어요.〈*移動中〉　　B：오빠는 한국에 가 있어요.〈*滞在中〉

1) 친구가 우리 집에 오다 →

　A：＿＿＿＿＿＿＿＿＿＿　　B：＿＿＿＿＿＿＿＿＿＿

2) 이 물고기는 강(川)에 살다/아직(まだ) 살다 →

　A：＿＿＿＿＿＿＿＿＿＿　　B：＿＿＿＿＿＿＿＿＿＿

3) 할머니는 고향에 살다+계시다 →

　A：＿＿＿＿＿＿＿＿＿＿　　B：＿＿＿＿＿＿＿＿＿＿

4) 남동생이 의자에 앉다 →

　A：＿＿＿＿＿＿＿＿＿＿　　B：＿＿＿＿＿＿＿＿＿＿

5) 할아버지께서 침대(ベット)에 눕다+계시다 →

　A：＿＿＿＿＿＿＿＿＿＿　　B：＿＿＿＿＿＿＿＿＿＿

2. 例：한국 시(詩)를 읽다 →

　　A：한국 시를 읽어 볼까요?　　B：네, 한국 시를 읽어 주세요.

1) 여기 주소(住所)를 적다(書きとめる) →

　A：＿＿＿＿＿＿＿＿＿＿　　B：＿＿＿＿＿＿＿＿＿＿

2) 학생증 카피(学生証のコピー)도 보내다(送る) →

　A：＿＿＿＿＿＿＿＿＿＿　　B：＿＿＿＿＿＿＿＿＿＿

3) 라디오를 켜다 →

　A：＿＿＿＿＿＿＿＿＿＿　　B：＿＿＿＿＿＿＿＿＿＿

4) 생맥주(生ビール)도 시키다(注文する) →

A: _____ B: _____

5) 이름을 한자(漢字)로 쓰다 →

A: _____ B: _____

P2
12-2-3

3. 例: DVD를 보다/저녁을 먹다(夕御飯を食べる) →
   A: DVD를 보면서 저녁을 먹네요.

1) 밝게(あかるく) 웃다/사진을 찍다 →

A: _____

2) 노래를 부르다(歌う)/즐겁게(楽しく) 놀다 →

A: _____

3) 열심히 일하다/행복하게(幸せに) 살다 →

A: _____

4) 빗속(雨の中)을 걷다/데이트(デート)를 하다 →

A: _____

5) 짐(荷物)을 싣다/전화를 걸다 →

A: _____

応用練習

● 次の日本語を「해요」体の韓国語に直してみましょう。

1) いとこ(사촌)は何処にいますか。　　　　アメリカに留学しに行っています。

   A:　　　　　　　　　　　　　　　　　B:

2) 何を食べたいですか。　　　　　　　　プルゴギ(불고기)も食べてみたいです。

   A:　　　　　　　　　　　　　　　　　B:

3) 空港(공항)の電話番号を教えてくださいますか。

   〈～てくださいますか：～아/어 주시겠어요?〉

   A:

   はい。住所(주소)もお教えしましょうか。

   B:

4) 居眠りをしながら勉強をしても大丈夫ですか。

   A:

   後で(나중에)ノート(공책)を見せてください。〈見せる：보이다〉

   B:

5) タイムカプセル(타임 캡슐)は何処に埋めましたか。

   A:

   先生にたずねてみてください。

   B:

第12課　連用形と連用形を含む表現

第13課 推移の表現など

基礎表現

1　〜아/어지다：〜(く)なる〈推移の表現〉

*1) 状態の意を表す形容詞の語幹に付く
*2) 없어지다：なくなる

싸다 → 싸지다(安くなる)　　값이 얼마나 싸졌어요?(値段がどの位安くなりましたか。)
길다 → 길어지다(長くなる)　　밤이 점점 길어지네요.(夜がだんだん長くなりますね。)
조용하다 → 조용해지다(静かになる)
　　　　　　　　　　　　거리가 많이 조용해졌어.(街が大分静かになったよ。)
크다 → 커지다(大きくなる)　　가게가 전보다 커졌네요.(店が以前より大きくなりましたね。)
춥다 → 추워지다(寒くなる)　　언제쯤부터 날씨가 추워져요?(いつ頃から寒くなりますか。)
없다 → 없어지다(なくなる)　　여드름이 다 없어졌네요.(ニキビが全部なくなりましたね。)

2　〜아/어하다：〜がる

*主に感情の意を表す形容詞の語幹に付いて、その形容詞を動詞に変える

좋다 → 좋아하다(好む)　　　　음식은 뭘 좋아하세요?(食べ物は何がお好きですか。)
싫다 → 싫어하다(嫌う)　　　　여름하고 겨울은 싫어해요?(夏と冬は嫌いですか。)
기쁘다 → 기뻐하다(嬉しがる)　　누가 제일 기뻐했어?(誰はもっとも嬉しがっていたの。)
슬프다 → 슬퍼하다(悲しがる)　　친구들이 슬퍼하고 있어.(友達らが悲しがっている。)
무섭다 → 무서워하다(怖がる)　　누굴 제일 무서워해요?(誰を一番怖がっていますか。)
쓸쓸하다 → 쓸쓸해하다(寂しがる)
　　　　　　　　　　　　혼자서 쓸쓸해하네요.(一人で寂しがっていますね。)
불안하다 → 불안해하다(不安がる)
　　　　　　　　　　　　장래를 불안해하고 있어요.(将来を不安がっています。)

3 〜아/어 버리다：〜(し)てしまう

*ある動作が完了した後、〈暫くの間、またはずっと〉元に戻らない、戻せないことを表す。

가다 → 가 버리다(行ってしまう)　　다 가 버렸어. (皆行ってしまった。)
끄다 → 꺼 버리다(消してしまう)　　불을 꺼 버렸네요.(明かりを消してしまいましたね。)
굽다 → 구워 버리다(焼いてしまう)　고기는 다 구워 버렸어.(肉は全て焼いてしまったよ。)
싣다 → 실어 버리다(積んでしまう)　짐 벌써 실어 버렸어? (もう荷物積んでしまったの。)
말하다 → 말해 버리다(言ってしまう) 비밀을 말해 버려도 돼?(秘密を言ってもいいの。)

4 「ㅅ(시옷)」変則

語幹が「ㅅ」で終わる用言の中には、その後に「아, 어, 으」などの母音が続くと、語幹末の「ㅅ」が「脱落」するものが一部あり、そのほとんどは動詞である。

웃다(笑う:規則)：　웃어요.　웃었어요.　웃으면서　웃을까요?　웃읍시다.
짓다(作る:変則)：　지어요.　지었어요.　지으면서　지을까요?　지읍시다.

낫다(治る:動詞)：　나아요.　나았어요.　나으면서　나을까요?　나읍시다.
낫다(よい:形容詞)：나아요.　나았어요.　나으면서　나을까요?　　　　−

・規則動詞：벗다(脱ぐ) 빗다(梳く) 빼앗다(奪う) 솟다(そびえる) 씻다(洗う) 웃다(笑う)など
・変則動詞：긋다(引く) 낫다(治る) 붓다(注ぐ) 잇다(つなぐ) 젓다(漕ぐ) 짓다(作る)など

基本練習 「해요」体で答えてみましょう。

P2 13-1

1. 値段が高くなりましたか。　　　　　むしろ安くなりました。　＊むしろ:오히려
   □□ □□□□? 　　　　　□□ □□□□.

2. 家が綺麗になりましたね。　　　　　昨日掃除をしました。　＊綺麗だ:깨끗하다
   □□ □□□□□. 　　　　　□□ □□ □□□.

3. 紅葉すると山の景色(산 경치)が美しくなります。
   ＊紅葉する:단풍이 들다　＊美しい:아름답다
   □□ □□ □□ □□□ □□□□.

4. どうしてそんなに寒がっていますか。　　　風邪を引きました。　＊風邪を引く:감기에 걸리다
   □□ □□ □□□? 　　　　　□□ □□□.

5. どうしてそんなに悲しがっているの。　　　恋人と別れたの。　＊別れる:헤어지다
   □□ □□ □□□? 　　　　　□□□ □□□.

6. 外(밖)がうるさい(시끄럽다)ですね。　　　窓(창문)を閉めてしまいましょうか。　＊閉める:닫다
   □□ □□□□□. 　　　　　□□ □□ □□□□?

7. あまりにも(너무)嬉しかったです。それで(그래서)泣いてしまいました。　＊泣く:울다
   □□ □□□□. □□□ □□ □□□.

8. 病気(병)は完全に(다)治りましたか。　　　お陰様で(덕택에)完全に治りました。
   □□ □□□ □? 　　　　　□□□ □ □□□.

9. コーヒーがあまりにも濃いです。　　□□ □□□.
   お湯(물)をもう少し(좀 더)注ぎましょうか(入れましょうか)。
   □□ □□ □□□□? 　　　　　＊濃い:진하다

10. ご飯は誰が炊くつもりですか。　　　私が炊きましょうか。
    □□ □□ □□ □□? 　　　□□ □□□□?
    ＊ご飯を炊く:밥을 짓다

発展練習

P2 13-2-1

1. 例: 발음(発音)이 좋다 →

　　　A: 발음이 점점 좋아지고 있네요.　　B: 네, 점점 좋아지고 있어요.

1) 낮 시간(昼の時間)이 짧다(短い) →

　A: _____　　B: _____

2) 바람이 세다(風が強い) →

　A: _____　　B: _____

3) 문제(問題)가 크다 →

　A: _____　　B: _____

4) 날씨가 춥다(寒い) →

　A: _____　　B: _____

P2 13-2-2

2. 例: 뭘 /싫다/벌레(虫) →

　　　A: 뭘 제일 싫어했어요?　　B: 벌레를 제일 싫어했어요.

1) 누가/기쁘다/부모님(両親) →

　A: _____　　B: _____

2) 누가/섭섭하다(残念だ)/선생님 →

　A: _____　　B: _____

3) 뭘/즐겁다(楽しい)/가족 여행(家族旅行) →

　A: _____　　B: _____

4) 뭘/무섭다(怖い)/지진(地震) →

　A: _____　　B: _____

🔊 P2
13-2-3

3. 例 : 늦게까지 자다(遅くまで寝る) →

　　　A : 늦게까지 자 버릴까요?　　　B : 늦게까지 자 버립시다

1) 그 일은 그만 잊다(もう忘れる) →

　A : _____　B : _____

2) 헌옷(古着)을 버리다(捨てる) →

　A : _____　B : _____

3) 내일까지 리포트를 다 쓰다 →

　A : _____

　B : _____

4) 부엌 쓰레기(生ごみ)를 땅 속(土の中)에 묻다 →

　A : _____

　B : _____

🔊 P2
13-2-4

4. 例 : 배를 젓다(船を漕ぐ) →

　　　A : 제가 배를 저어 볼까요?　　　B : 같이 배를 저어 봅시다.

1) 선을 긋다(線を引く) →

　A : _____　B : _____

2) 물을 붓다(水を注ぐ) →

　A : _____　B : _____

3) 집을 짓다(家を建てる) →

　A : _____　B : _____

4) 끈으로 잇다(紐で結ぶ) →

　A : _____　B : _____

応用練習

● 次の日本語を「해요」体の韓国語に直してみましょう。

1) 夏至(하지)が過ぎると昼の時間は短くなり、夜の時間は長くなります。〈過ぎる：지나다〉

   A: _____

2) 大学合格(합격)を誰が一番嬉しがっていましたか。

   A: _____

   パパ(아빠)とママ(엄마)です。　　B: _____

3) 勉強が難しいと、どうしますか。〈難しい：어렵다〉

   A: _____

   まるごと(：통째로)覚えてしまいます。〈覚える：외우다〉

   B: _____

4) 怪我(상처)はいつ頃治るのでしょうか。

   A: _____

   来月(내달)には完全に(완전히) 治るでしょう。

   B: _____

5) 点と点を結ぶと線になり、線と線が集まると面になります。
   〈点：점　線：선　集まる：모이다　面：면〉
   *～になる：～가/이 되다〈「～に」に当たる助詞に注意〉

   A: _____

第14課 義務や譲歩・仮定

基礎表現

1 ~아야/어야/해야 되다/하다 : ~しなければいけない、~でなければならない〈義務〉

＊指定詞(이다, 아니다)の語幹の後には「~어야」の代わりに「~라야」がよく使われる

휴일에도 회사에 가야 해요?(休日も会社に行かなくてはいけませんか。)
꼭 방이 크고 깨끗해야 돼요.(必ず部屋が大きくて綺麗じゃないと駄目です。)
여권하고 사증이 있어야 돼요.(パスポートとビザがないと駄目です。)
건강하고 미남이라야 해요?(健康で、美男じゃないと駄目ですか。)

2 ~아도/어도/해도 되다/좋다/괜찮다 : ~(し)てもいい/ (く) てもいい 〈譲歩・仮定〉

＊指定詞の語幹の後には「~어도」の代わりに「~라도」がよく使われる

한국 선물을 안 사도 돼요?(韓国のお土産を買わなくてもいいですか。)
바람이 불고 날씨가 추워도 괜찮아요?(風が吹き、寒くても構いませんか。)
지도하고 카메라는 없어도 돼요.(地図とカメラはなくても大丈夫です。)
해외 여행이 아니라도 좋아요.(海外旅行ではなくてもいいです。)

3 ~다가 : ~(を)していて、~(を)する途中

＊ある動作や状態などが途中で他の動作や状態に移ることや、新しい動作が加えられることを表す表現

가다 → 학교에 가다가 옛날 친구를 만났어.(学校に行く途中昔の友達に会ったよ。)
읽다 → 책을 읽다가 자 버렸어요.(本を読んでいる間に寝てしまいました。)
만들다 → 요리를 만들다가 외출했어요.(料理中に外出しました。)

4 「르」変則

　語幹が「르」で終わる動詞と形容詞のほとんどは、
語幹末の「르」の後に「아/어」で始まる「아요/어요, 았/었」などが続くと、
「르＋아/어」の部分が「ㄹ＋라/러」に変わる。

＊1)「르」変則の動詞と形容詞の語幹は必ず「母音＋르」の形になっている。

〈動詞の例〉

고르다(選ぶ)：　　고르＋아요 → 골라요　　　고르＋았어요 → 골랐어요

모르다(知らない)：모르＋아요 → 몰라요　　　모르＋았어요 → 몰랐어요

부르다(呼ぶ)：　　부르＋어요 → 불러요　　　부르＋었어요 → 불렀어요

〈形容詞の例〉

다르다(異なる)：　다르＋아요 → 달라요　　　다르＋았어요 → 달랐어요

빠르다(速い)：　　빠르＋아요 → 빨라요　　　빠르＋았어요 → 빨랐어요

이르다(早い)：　　이르＋어요 → 일러요　　　이르＋었어요 → 일렀어요

＊2) 빨리(速く)：形容詞빠르다の語幹「빠르」に「이」が付いて、「르」変則活用をし、
　　副詞に変わった形。〈빠르＋이 → 빨리〉

＊3) 들르다(立ち寄る)、따르다(従う)、치르다(支払う)などは「으」変則〈第8課参照〉

基本練習　「해요」体で答えてみましょう。<10.はぞんざいな言い方で>

P2
14-1

1. レポートを明後日までに必ず出さなくてはいけませんか。(出す：내다)

　　□□□□　□□□□　□□　□□□　□□ ?

2. 予約の再確認(예약 재확인)をしなければなりませんか。　しなくてもいいです。

　　□□　□□□　□□□　□□□□ ?　□□　□□□.

3. 名前を漢字で書かなくてはいけませんか。

　　□□□　□□□　□□□　□□□ ?

　　ハングルで書いても大丈夫です。　□□□　□□　□□□.

4. 値段(값)が高くてもいいですか。　あまりにも(너무)高いと駄目です。

　　□□　□□　□□□ ?　□□□　□□　□□□.

5. 1時間後(뒤/후)に出発(출발)してもいいですか。

　　□□□　□□ / □　□□□　□□□□ ?

　　今すぐ(곧)出発しなければなりません。

　　□□　□□□　□□.

6. 歌を練習(연습)している途中で電話を受けました。　＊受ける：받다

　　□□　□□□□　□□□　□□□　□□□.

7. 友達と遊んでいる途中で脚(다리)を怪我しました。　＊怪我をする：다치다

　　□□□　□□□□　□□□　□□□□.

8. 住所が分からなくてもいいですか。　分からなくても構いません。

　　□□　□□　□□□ ?　□□□　□□□.

9. すでに(벌써)出席を取りましたか。　まだ(아직)取っていません。＊出席を取る：출석을 부르다

　　□□　□□□　□□□ ?　□□　□□　□□□.

10. タクシー(택시)を呼ばなくてもいいかい。　電車がもっと(더)速いの。

　　□□□　□□　□□　□□ ?　□□　□　□□.

発展練習

P2 14-2-1

1. 例：열심히 공부하다 →

　　　A：열심히 공부해야 돼요/해요?　　B：네, 열심히 공부해야 돼요/해요.

1) 휴일에 부모님을 돕다 →

A: ＿＿＿＿＿＿＿＿＿＿＿＿＿＿　　B: ＿＿＿＿＿＿＿＿＿＿＿＿＿＿

2) 매일 조금씩(少しずつ) 걷다 →

A: ＿＿＿＿＿＿＿＿＿＿＿＿＿＿　　B: ＿＿＿＿＿＿＿＿＿＿＿＿＿＿

3) 집이 넓고 크다 → *넓다：広い

A: ＿＿＿＿＿＿＿＿＿＿＿＿＿＿　　B: ＿＿＿＿＿＿＿＿＿＿＿＿＿＿

4) 앞으로 30분쯤 더 있다 →

A: ＿＿＿＿＿＿＿＿＿＿＿＿＿＿＿＿＿＿＿＿＿＿＿＿＿＿＿＿＿＿＿＿

B: ＿＿＿＿＿＿＿＿＿＿＿＿＿＿＿＿＿＿＿＿＿＿＿＿＿＿＿＿＿＿＿＿

P2 14-2-2

2. 例：바지(ズボン)가 좀 짧다(短い) →

　　　A：바지가 좀 짧아도 돼요/괜찮아요?　B：네, 바지가 좀 짧아도 괜찮아요/돼요.

1) 이 쓰레기통(ゴミ箱)에 쓰레기를 버리다 →

A: ＿＿＿＿＿＿＿＿＿＿＿＿＿＿　　B: ＿＿＿＿＿＿＿＿＿＿＿＿＿＿

2) 호텔(ホテル) 방이 좁고 좀 시끄럽다(うるさい) → *좁다：狭い

A: ＿＿＿＿＿＿＿＿＿＿＿＿＿＿　　B: ＿＿＿＿＿＿＿＿＿＿＿＿＿＿

3) 젓가락(箸)하고 숟가락(スプーン)이 없다 →

A: ＿＿＿＿＿＿＿＿＿＿＿＿＿＿　　B: ＿＿＿＿＿＿＿＿＿＿＿＿＿＿

4) 오늘 점심은 도시락(お弁当)이다 →

A: ＿＿＿＿＿＿＿＿＿＿＿＿＿＿　　B: ＿＿＿＿＿＿＿＿＿＿＿＿＿＿

🔊 P2
14-2-3

3. 例：언제/그 뉴스를 듣다/저녁을 먹다 →

    A：언제 그 뉴스를 들었어요?　　B：저녁을 먹다가 들었어요.

1) 언제/지갑을 잃어 버리다(なくしてしまう)/학교에 가다 →

    A：＿＿＿＿＿＿＿＿＿＿＿＿　　B：＿＿＿＿＿＿＿＿＿＿＿＿

2) 어디서/이 돌(石)을 줍다(拾う)/공원에서 놀다 →

    A：＿＿＿＿＿＿＿＿＿＿＿＿　　B：＿＿＿＿＿＿＿＿＿＿＿＿

3) 언제 경찰한테/길을 묻다/시내를 구경하다 →

    A：＿＿＿＿＿＿＿＿＿＿＿＿　　B：＿＿＿＿＿＿＿＿＿＿＿＿

4) 어디((에))서 서울로 이사 가다(引っ越して行く)/도쿄에 살다 →

    A：＿＿＿＿＿＿＿＿＿＿＿＿　　B：＿＿＿＿＿＿＿＿＿＿＿＿

🔊 P2
14-2-4

4. 例：무슨 노래를 부르다/K-POP →

    A：무슨 노래를 불렀어요?　　B：K-POP(케이 팝)을 불렀어요.

1) 누구하고 옷(服)을 고르다/애인 →

    A：＿＿＿＿＿＿＿＿＿＿＿＿　　B：＿＿＿＿＿＿＿＿＿＿＿＿

2) 뭘 모르다/문제의 뜻 자체(問題の意味自体) →

    A：＿＿＿＿＿＿＿＿＿＿＿＿　　B：＿＿＿＿＿＿＿＿＿＿＿＿

3) 어떻게 다르다/크기(大きさ)하고 색깔(色) →

    A：＿＿＿＿＿＿＿＿＿＿＿＿　　B：＿＿＿＿＿＿＿＿＿＿＿＿

4) 뭐가 제일 빠르다/신칸센(新幹線) →

    A：＿＿＿＿＿＿＿＿＿＿＿＿　　B：＿＿＿＿＿＿＿＿＿＿＿＿

応用練習

● 次の日本語を「해요」体の韓国語に直してみましょう。

1) 何ページ(페이지)まで終わらせなければなりませんか。　　＊終わらせる：끝내다

A:＿＿＿＿＿＿＿＿＿＿＿＿＿＿＿＿＿＿＿＿

56ページまで終わらせればいいです。　　B:＿＿＿＿＿＿＿＿＿＿＿＿＿＿＿＿＿＿＿＿

2) 集合(집합)時間は8時でもいいですか。

A:＿＿＿＿＿＿＿＿＿＿＿＿＿＿＿＿＿＿＿＿

8時半まででも構いません。

B:＿＿＿＿＿＿＿＿＿＿＿＿＿＿＿＿＿＿＿＿

3) 授業を聞きながら(授業中に)居眠りをしてもいいですか。　　＊授業：수업

A:＿＿＿＿＿＿＿＿＿＿＿＿＿＿＿＿＿＿＿＿

説明(설명)をよく聞かなくてはいけません。

B:＿＿＿＿＿＿＿＿＿＿＿＿＿＿＿＿＿＿＿＿

4) これから(이제부터)直接(직접)友達の家に行ってもいいですか。

A:＿＿＿＿＿＿＿＿＿＿＿＿＿＿＿＿＿＿＿＿

郵便局(우체국)と花屋(꽃집)に立ち寄らなくてはなりません。　　＊立ち寄る：들르다

B:＿＿＿＿＿＿＿＿＿＿＿＿＿＿＿＿＿＿＿＿

5) 後輩(후배)は何を選びましたか。　　A:＿＿＿＿＿＿＿＿＿＿＿＿＿＿＿＿

よく分かりません。靴を選んでいる途中でトイレに行きました。

B:＿＿＿＿＿＿＿＿＿＿＿＿＿＿＿＿＿＿＿＿

第14課　義務や譲歩・仮定

第15課 原因・根拠や先行動作・前置と禁止

基礎表現

1 ～아서/어서/해서 : 1)～ので〈原因・根拠〉/2)～(し)て〈先行動作〉

*았/었(過去)とは一緒に使えない
*1)の原因・根拠の用法の場合は、後続文に命令形や勧誘形語尾は用いられない点に注意

1) 숙제가 너무 많아서 바빴어요.(宿題が多すぎて忙しかったです。)
　　시간이 없어서 잠도 제대로 못 자요.(時間がなくて睡眠時間もまともに取れません。)
　　외국 사람이라서 길을 잘 몰라요.(外国人なので道がよく分かりません。)

2) 면세점에 가서 선물을 사도 돼요?(免税店に行ってお土産を買ってもいいですか。)
　　침대에 누워서 좀 쉬세요.(ベットに横になって少し休んで下さい。)
　　홍차에 레몬을 넣어서 마실까요?(紅茶にレモンを入れて飲みましょうか。)

2 ～(으)니까 : 1)～から・～ので〈理由〉/2)～すると・～(し)たら〈前置き〉

*1)の理由の用法の場合、았/었(過去)とは一緒に使えるが、겠(未来・推量)とは一緒に使えない

1) 휴일은 사람이 많으니까 다음에 갑시다.(休日は込み合うから、今度行きましょう。)
　　잊어버렸으니까 다시 한 번 써 주세요.(忘れてしまったのでもう一度書いて下さい。)
　　열심히 준비했으니까 괜찮을 거예요.(一生懸命準備したから大丈夫でしょう。)

2) 시계를 보니까 벌써 출발 시각이었어요.(時計をみたら、もう出発時刻でした。)
　　약을 먹으니까 두통이 금방 나았어요. (薬を飲んだら、頭痛がすぐ治りました。)
　　오랜 시간 운전하니까 배가 고프네요.(長い時間運転すると、お腹が空きますね。)

3　禁止の意を表す表現

1) ～지 마(라)：～(す)るな
2) ～지 마요：～しないで下さい
3) ～지 마세요：～しないで下さい・～なさらないで下さい
4) ～지 마십시오：～なさらないで下さい

＊上記「～지 마～」の「마～」の基本形は「말다(止める)」で、「～じゃなくて」は「～말고」になる。

너무 걱정하지 마(라).(あまり心配しないで。)

수업중에 잡담하지 마요.(授業中の雑談は止めてください。)

여기선 담배를 피우지 마세요.(ここではタバコを吸わないでください。)

전시품을 손으로 만지지 마십시오.(展示品を手で触らないでください。)

4　「ㅎ(히읗)」変則

＊語幹が「ㅎ」で終わる形容詞の内、'좋다'以外は全て「ㅎ変則」。

1) ㅏ/ㅗ+아/어で始まる語尾 → 「ㅐ」
2) ㅏ+아/어で始まる語尾 → 「ㅐ」　　　ㅗ+아/어で始まる語尾+ → 「ㅖ」
3) ㅎ+으 → 共に「脱落」

파랗다(青い):	파래요	파랬어요	파래도	파라면	파랄 거예요
노랗다(黄色い):	노래요	노랬어요	노래도	노라면	노랄 거예요
이렇다(こうだ):	이래요	이랬어요	이래도	이러면	이럴 거예요
그렇다(そうだ):	그래요	그랬어요	그래도	그러면	그럴 거예요
하얗다(白い):	하얘요	하얬어요	하얘도	하야면	하얄 거예요
부옇다(ぼやけている):	부예요	부옜어요	부예도	부여면	부열 거예요

基本練習 「해요」体で答えてみましょう。<9.はぞんざいな言い方で>

P2 15-1

1. なぜ遅れましたか。　□□ □□□□□？
   定時に(제시간에)電車に乗れなくて遅れました。　＊遅れる：늦다
   □□□□ □□□ □□□ □□□□□ □□□□□.

2. 疲れましたか。　今日は沢山歩いたので疲れました。　＊疲れている：피곤하다
   □□□□□？　□□□ □□□ □□□ □□□□ □□□□□.

3. 住所が分かりますか。　□□□ □□□？
   電話をかけて訊いてみようか。　□□□ □□□ □□□ □□□□？

4. 到着(도착)が遅いですね。　□□□ □□□. ＊遅い：늦다
   連絡(연락)をしたからすぐ(곧)来るでしょう。
   □□□ □□□□ □□ □□□□.

5. 時間があまり(별로)ないから、急いでください。　＊急ぐ：서두르다
   □□□ □□□ □□□ □□□□□.

6. また(또)風邪を引きました。　無理(무리)しないでください。
   □□□ □□□ □□□□□.　□□ □□□ □□□□.

7. 危険なのでこの窓は開けないでください。　＊危険だ：위험하다
   □□□□ □ □□□ □□□ □□□□.

8. 秋空(가을 하늘)はどうでしたか。　高くて青かったです。＊どうだ：어떻다
   □□ □□□ □□□□□？　□□ □□□□.

9. 背が高くて肌(피부)が白かった。　妹もそうなの。＊背が高い：키가 크다
   □□ □□ □□□ □□□.　□□ □□□.

10. 雨が沢山降って視野(시야)がぼやけていました。
    □□ □□ □□ □□□ □□□□□.

発展練習

P2 15-2-1

1. 例:왜 못 가다/일이 너무 바쁘다 →

　　　A:왜 못 갔어요?　　　　　　B:일이 너무 바빠서 못 갔어요.

1) 왜 지각하다(遅刻する)/늦잠을 자다(朝寝坊をする) →

A:＿＿＿＿＿＿＿＿＿＿＿＿＿＿　B:＿＿＿＿＿＿＿＿＿＿＿＿＿＿

2) 왜 다치다(怪我する)/운동을 하다가 넘어지다(転ぶ) →

A:＿＿＿＿＿＿＿＿＿＿＿＿＿＿　B:＿＿＿＿＿＿＿＿＿＿＿＿＿＿

3) 어디서 환전하다(両替する)/은행에 가다 →

A:＿＿＿＿＿＿＿＿＿＿＿＿＿＿　B:＿＿＿＿＿＿＿＿＿＿＿＿＿＿

4) 어디서 편지를 부치다(手紙を出す)/우체국에 들르다 →

A:＿＿＿＿＿＿＿＿＿＿＿＿＿＿　B:＿＿＿＿＿＿＿＿＿＿＿＿＿＿

P2 15-2-2

2. 例:짐이 많다/택시를 타다 →

　　　A:짐이 많으니까 택시를 탈까요?　B:네, 짐이 많으니까 택시를 탑시다.

1) 모처럼의(久々の) 휴일이다/집에서 쉬다 →

A:＿＿＿＿＿＿＿＿＿＿＿＿＿＿　B:＿＿＿＿＿＿＿＿＿＿＿＿＿＿

2) 내일은 수업이 없다/교외(郊外)로 놀러 가다 →

A:＿＿＿＿＿＿＿＿＿＿＿＿＿＿　B:＿＿＿＿＿＿＿＿＿＿＿＿＿＿

3) 이 음악은 시끄럽다/다른 곡(他の曲)을 듣다 →

A:＿＿＿＿＿＿＿＿＿＿＿＿＿＿　B:＿＿＿＿＿＿＿＿＿＿＿＿＿＿

4) 길을 잘 모르다/경찰한테 묻다 →

A:＿＿＿＿＿＿＿＿＿＿＿＿＿＿　B:＿＿＿＿＿＿＿＿＿＿＿＿＿＿

🔊 P2
15-2-3

3. 例 : 관심(関心)도 흥미(興味)도 없다/연락하다(連絡する) →

　　A : 관심도 흥미도 없으니까 연락하지 마./마요./마세요./마십시오.

1) 먼지(埃)가 들어오다(入ってくる)/창문을 열다 →

　A : _____

2) 길이 미끄럽다(滑りやすい)/뛰다(走る) →

　A : _____

3) 시간은 충분히(十分) 있다/서두르다(急ぐ) →

　A : _____

4) 아직 성인(成人)이 아니다/술을 마시다 →

　A : _____

🔊 P2
15-2-4

4. 例 : 아기(赤ん坊) 모자/작고 빨갛다(赤い) →

　　A : 아기 모자는 어때요?　　　B : 작고 빨개요./ 작고 빨갈 거예요.

1) 사장님(社長さん) 차/크고 까맣다(黒い) →

　A : _____　　B : _____

2) 그 집(店) 음식/그저 그렇다(まあまあだ・まずまずだ) →

　A : _____　　B : _____

3) 할아버지 머리(髪の毛)/짧고 하얗다 →

　A : _____　　B : _____

4) 방 유리창(ガラス窓)/더럽고 부옇다 →　　*더럽다 : 汚い

　A : _____　　B : _____

応用練習

● 次の日本語を「해요」体の韓国語に直してみましょう。

1) どうして来ませんでしたか。　　A: ＿＿＿＿＿＿＿＿＿＿＿＿＿＿＿＿

急用ができたので来られませんでした。　　＊急用ができる：급한 볼일이 생기다

B: ＿＿＿＿＿＿＿＿＿＿＿＿＿＿＿＿＿＿＿＿＿＿＿＿＿＿＿＿＿＿＿＿

2) あまりにもお腹が空いたから先に食べたので理解してください。

＊理解・了解・了承する：이해・양해하다

A: ＿＿＿＿＿＿＿＿＿＿＿＿＿＿＿＿＿＿＿＿＿＿＿＿＿＿＿＿＿＿＿＿

3) 半時間(반시간) 位・30分位遅れたので電話をかけましたが、すでに(이미)誰もいませんでした。

A: ＿＿＿＿＿＿＿＿＿＿＿＿＿＿＿＿＿＿＿＿＿＿＿＿＿＿＿＿＿＿＿＿

4) ご両親は(부모님께선)いかがでしたか。　　A: ＿＿＿＿＿＿＿＿＿＿＿＿＿＿

私が故郷に久しぶりに(오래간만에)行ったので、とても喜んでいました。＊喜ぶ：기뻐하다

B: ＿＿＿＿＿＿＿＿＿＿＿＿＿＿＿＿＿＿＿＿＿＿＿＿＿＿＿＿＿＿＿＿

5) 一晩中(밤새)雪が降って街全体(거리 전체)が白かったです。　　＊雪が降る：눈이 내리다

A: ＿＿＿＿＿＿＿＿＿＿＿＿＿＿＿＿＿＿＿＿＿＿＿＿＿＿＿＿＿＿＿＿

そうでしたか。 私も見に行きたいですね。

B: ＿＿＿＿＿＿＿＿＿＿＿＿＿＿＿＿＿＿＿＿＿＿＿＿＿＿＿＿＿＿＿＿

第15課　原因・根拠や先行動作・前置と禁止

第16課 「～기」を含む表現と理由や目的など

基礎表現

*「기」：用言の語幹に付いて、その用言を名詞形に変える名詞形語尾。

1 ～기도 하다：～することもある、～したりする

휴일 오전에는 클래식을 듣기도 해.(休日の午前中はクラシックを聴いたりもする。)
친구들하고 마음껏 놀기도 해요?(友達らと思う存分遊んだりもしますか。)

2 ～기로 하다(정하다/약속하다)：～することにする(決める/約束する)

매일 단어를 10개씩 외우기로 합시다.(毎日単語を10個ずつ覚えることにしましょう。)
매주 두 명씩 발표하기로 정했어요.(毎週二人ずつ発表することにしました。)
모레는 저녁을 같이 만들기로 약속했어요.(明後日は夕食を一緒に作ろうと約束しました。)

3
1) ～기 좋다：～しやすい/～するのにいい
2) ～기 쉽다：～しやすい/～しがちだ
3) ～기 어렵다：～しにくい/～するのが困難だ

*上記1)～3)の表現は「기」の後に助詞の「～가(が), ～는(は), ～도(も)」が付くケースもある

1) 일본 음식은 맛도 좋고 보기도 좋아요.(和食は美味しいし、見た目もいいです。)
   날씨가 따뜻해서 산책하기 좋아요.(暖かいので散歩するのにいいです。)

2) 지도가 있어서 찾기 쉬웠어요.(地図があったので探しやすかったです。)
   문제가 복잡해서 틀리기 쉬워요.(問題が複雑なので間違いやすいです。)

3) 설명이 너무 빨라서 알기 어려웠어요.(説明が速すぎて分かりにくかったです。)
   글자가 작아서 읽기 어려워요.(字が小さくて読みにくいです。)

4　~기 때문에 : ~するから、~なので〈理由〉

＊体言+때문에 : ~のせいで、~のため

눈이 오기 때문에 늦었어.(雪が降るので遅れたの。)　눈 때문에 늦었어.(雪のせいで…)

일이 많기 때문에 바빠.(仕事が多くていつも忙しいの。)

　　　　　　　　　　　　　　　　　　　　　　　일 때문에 바빠.(仕事のせいで…)

5　~기 위해(서) : ~するために〈目的〉

＊体言+를/을 위해(서) : ~のために

유학을 가기 위해서 저축을 해요.(留学するために貯蓄をしています。)

유학을 위해서 저축을 해요.(留学のために…)

행복하게 살기 위해서 열심히 노력해요.(幸せに暮らすために一生懸命努力しています。)

행복을 위해서 열심히 노력해요.(幸せのために…)

6　比較と限定

1) ~보다(는/도) : ~より(は/も)〈比較の意を表す助詞〉

　　생선보다는/도 고기를 더 좋아해요.(魚よりは/も肉がもっと好きです。)

　　술보다는/도 담배를 훨씬 싫어해요.(酒よりは/もタバコが遥かにきらいです。)

2) ~만 : ~だけ、~ばかり〈限定の意を表す助詞〉

　　하나만 더 물어 봐도 돼요?(もう一つだけ訊いてもいいですか。)

　　조금만 더 깎아 주세요.(もう少しだけ負けてください。)

3) ~밖에 : ~しか〈後ろには否定や不可能の表現が続く〉

　　시험이 1달밖에 안 남았네요.(試験まで1カ月しか残っていませんね。)

　　어제 3시간밖에 못 자서 졸려요.(昨日3時間しか寝られなかったので眠いです。)

基本練習 「해요」体で答えてみましょう。<9の*1はぞんざいな言い方で>

1. まれに(드물게)大震災が起きる(대지진이 일어나다)こともあります。

   ☐ ☐ ☐ ☐ .

2. 卒業後は(졸업 후에는)就職をする(취직하다)ことにしました。

   ☐ ☐ ☐ ☐ .

3. 風が涼しくてジョギング(조깅)するのにいいですね。　*涼しい:시원하다

   ☐ ☐ ☐ ☐ .

4. 道が広い(넓다)ので運転(운전)しやすかったです。

   ☐ ☐ ☐ .

5. 人が多すぎて歩くのも大変です。

   ☐ ☐ ☐ ☐ .

6. だれも(아무도)いなかったのでそのまま(그냥)帰って来ました。　*帰って来る:돌아오다

   ☐ ☐ ☐ ☐ ☐ .

7. 元気に暮らすために毎日水泳(수영)をやっています。　*元気に暮らす:건강하게 살다

   ☐ ☐ ☐
   ☐ ☐ ☐ ☐ .

8. 牛肉(쇠고기)より豚肉(돼지고기)が柔らかくて食べやすいです。　*柔らかい:부드럽다

   ☐ ☐ ☐ ☐
   ☐ .

9. 1万ウォンだけ貸してください。　　僕も1万ウォンしかないよ。*貸す:꾸다

   ☐ ☐ ☐ . *1 ☐ ☐ ☐ .

10. お金(돈)が少ししかないので、3人分(3인분)だけください。

    ☐ ☐ ☐ ☐ .

発展練習

P2 16-2-1

1. 例：가끔은(たまには) 혼자서 영화나 연극을 보다 →
   가끔은 혼자서 영화나 연극을 보기도 해요.

1) 저녁에 조깅을 하거나 집 주위(周辺)를 걷다 →
   _____

2) 침대에 누워서(寝そべって) 소설이나 시를 읽다 →
   _____

3) 휴일에는 부모님을 돕거나 동생하고 놀다 →
   _____

P2 16-2-2

2. 例：지각을 하면 벌금을 내다(罰金を払う) →
   지각을 하면 벌금을 내기로 《정/약속》할까요?

1) 내일부터 담배를 끊다(禁煙する) →
   _____

2) 하루에(1日に) 1시간씩 운동하다 →
   _____

3) 수업중에 절대로(絶対) 잡담(雑談)을 하지 않다 →
   _____

P2 16-2-3

3. 例：이 사전은 글자가 크다/읽다/쉽다 → 이 사전은 글자가 커서 읽기 쉬워요.

1) 가방이 작고 가볍다/들고 다니다(持ち歩く)/좋다 →
   _____

2) 눈이 많이 내리다/넘어지다(転ぶ)/쉽다 →
   _____

3) 길이 복잡하다/집을 찾다/어렵다 →
   _____

🔊 P2
16-2-4

4. 例：역에서 가깝다(近い)/편리하다(便利だ)→
　　　A：역에서 가까워요?　　　B：네, 역에서 가깝기 때문에 편리해요.

1) 편의점까지 멀다/불편하다(不便だ)→
A：＿＿＿＿＿＿＿＿＿＿　　B：＿＿＿＿＿＿＿＿＿＿

2) 차가 많이 다니다(行き来する)/시끄럽다 →
A：＿＿＿＿＿＿＿＿＿＿　　B：＿＿＿＿＿＿＿＿＿＿

3) 외국 사람이다/한국말을 잘 모르다 →
A：＿＿＿＿＿＿＿＿＿＿　　B：＿＿＿＿＿＿＿＿＿＿

🔊 P2
16-2-5

5. 例：왜 선생님을 만나다/진로(進路)를 상담(相談)하다 →
　　　A：왜 선생님을 만나요?　　B：진로를 상담하기 위해서 선생님을 만나요.

1) 왜 짐을 정리(整理)하다/새 집으로 이사 가다 →
A：＿＿＿＿＿＿＿＿＿＿　　B：＿＿＿＿＿＿＿＿＿＿

2) 왜 밖에 나가다/친구한테 전화를 걸다 →
A：＿＿＿＿＿＿＿＿＿＿　　B：＿＿＿＿＿＿＿＿＿＿

3) 왜 딸기(イチゴ)를 많이 사다/딸기 잼(ジャム)을 만들다 →
A：＿＿＿＿＿＿＿＿＿＿　　B：＿＿＿＿＿＿＿＿＿＿

🔊 P2
16-2-6

6. 例：어제/오늘/바람이 훨씬 세다(遥かに強い) →
　　　어제보다/어제보다도/어제보다는 오늘이 바람이 훨씬 세요.

1) 제주도(済州道)/오키나와/더 따뜻하다 →
＿＿＿＿＿＿＿＿＿＿＿＿＿＿＿＿＿＿＿＿

2) 작년/올해(今年)/덜(より少なく) 바쁘다 →
＿＿＿＿＿＿＿＿＿＿＿＿＿＿＿＿＿＿＿＿

3) 버스(バス)/지하철/ 좀 더 빠르다 →
＿＿＿＿＿＿＿＿＿＿＿＿＿＿＿＿＿＿＿＿

7. 例：케이크(ケーキ)를 몇 개 먹다/1개 →　　A：케이크를 몇 개 먹었어요?
　　　B：한 개만 먹었어요.　　　　　　　　C：한 개밖에 안 먹었어요.

1) 손님이 몇 명 오시다/4분 →　　　　　A：

B：　　　　　　　　　　　　　　　　　C：

2) 노래를 몇 곡(曲) 부르다/3곡 →　　　A：

B：　　　　　　　　　　　　　　　　　C：

3) 생선을 몇 마리(匹) 굽다/2마리 →　　A：

B：　　　　　　　　　　　　　　　　　C：

応用練習

● 次の日本語を「해요」体の韓国語に直してみましょう。

1) その方はどんな仕事をやっていますか。　　医者でありながら、詩人(시인)でもあります。

A：　　　　　　　　　　　　　　　　　B：

2) 午後は市内を見物することにしましょうか。　先に昼食を食べることにしましょう。

A：　　　　　　　　　　　　　　　　　B：

3) 何処で勉強しましょうか。　　図書館が静かなので勉強するのにいいです。

A：　　　　　　　　　　B：

4) 日本の夏はどうですか。　　湿気(습기)が多いためちょっと蒸し暑い(무덥다)です。

A：　　　　　　　　　　B：

5) 食べるために生きる(こと)よりも、生きるために食べたいです。

A：

　　さあ(글쎄요)…　　　　　　　B：

第16課　「〜기」を含む表現と理由や目的など　113

第17課 動詞の連体形など

基礎表現

1 동사의 연체형：動詞の連体形

구분(区分)	①過去回想 (〜していた〜)	②過去 (〜した〜)	③現在 (〜する〜)	④未来 (〜するだろう〜)
1) 母音語幹+	((았/었)던	ㄴ	는	ㄹ
2) 子音語幹+	((았/었)던	은	는	을
3) ㄹ語幹(脱落)+	ㄹ(았/었)던	ㄴ	는	ㄹ

例 ① 가다(行く)：　　 가던/갔던　　　 간　　　 가는　　　 갈
　　② 읽다(読む)：　　 읽던/읽었던　　 읽은　　 읽는　　 읽을
　　③ 살다(住む)：　　 살던/살았던　　 산　　　 사는　　 살
　　④ 쓰다(使う)：　　 쓰던/썼던　　　 쓴　　　 쓰는　　 쓸
　　⑤ 돕다(手伝う)：　 돕던/도왔던　　 도운　　 돕는　　 도울
　　⑥ 걷다(歩く)：　　 걷던/걸었던　　 걸은　　 걷는　　 걸을
　　⑦ 짓다(作る)：　　 짓던/지었던　　 지은　　 짓는　　 지을
　　⑧ 기르다(育てる)：기르던/길렀던　　 기른　　 기르는　 기를

2 動詞/있다+ㄴ/은 지：〜して(から) 〈時間の経過〉

*1)「〜ㄴ/은 지」の後には되다(なる)か지나다(過ぎる)のような動詞が続くケースが多い

한국말을 배운 지 반 년쯤 돼요./됐어요.(韓国語を習い始めてから半年位になります。)

아침을 먹은 지 얼마나 돼요? /됐어요?(朝食を食べてからどれぐらい経ちましたか。)

전화를 건 지 1주일이 지났어요.(電話を掛けてから一週間が過ぎました。)

이 회사에 있은지 얼마나 돼요?(この会社に勤め初めてからどれくらい経ちますか。)

3 動詞/있다+ㄴ/은 적이 있/없다 : 〜したことがある/ない〈経験の有無〉

해외 여행을 해 본 적이 있/없어요. (海外旅行をしたことがあります/ありません。)

이 음악을 들은 적이 있/없어? (この音楽を聴いたことある?/ない?)

그 선배하고 같이 논 적이 있/없어요. (その先輩と一緒に遊んだことがあります/ありません。)

4 1) 体言+전에 : 〜の前に   2) 動詞/있다+기 전에 : 〜する前に

식사 전에 손을 씻어요.　　　　밥을 먹기 전에 손을 씻어요.
(食(事)前に手を洗います。)　　(ご飯を食べる前に手を洗います。)

출근 전에 신문을 읽어요.　　　회사에 가기 전에 신문을 읽어요.
(出勤前に新聞を読みます。)　　(会社に行く前に新聞を読みます。)

5 体言+후에/뒤에 : 〜の後に

저녁 식사 후에/뒤에 영화를 봐요. (夕食後に映画を観ます。)

퇴근 후에/뒤에 친구를 만나요. (退社後に友達に会います。)

6 動詞/있다+ㄴ/은 후에/뒤에 : 〜した後に

저녁을 먹은 후에/뒤에 영화를 봐요. (夕食を食べた後に映画を観ます。)

일을 끝낸 후에/뒤에 친구를 만나요. (仕事を終えた後に友達に会います。)

基本練習   「해요」体で答えてみましょう。

P2
17-1

1. しょっちゅう(자주)行っていた書店(서점)がなくなりました。　　*なくなる:없어지다

　　☐ ☐ ☐ ☐ .

2. 昔(옛날에)食べていた食べ物(음식)と味(맛)が違います。　　*違う:다르다〈르変則〉

　　☐ ☐ ☐ ☐ ☐ .

3. 今読んでいる本、難しいですか。　　☐ ☐ ☐ , ☐ ?

　　先週(지난주에)読んだ本が難しかったです。

　　☐ ☐ ☐ ☐ .

4. お客さんの中に(손님 가운데)知っている方がいらっしゃいますか。

　　☐ ☐ ☐ ☐ ☐ ?

5. 卒業後(졸업 후에)留学する(유학 가다)予定の人、いますか。

　　☐ ☐ ☐ ☐ ☐ , ☐ ?

6. 授業を受ける時に居眠りする学生はいません。　　*授業を受ける:수업을 받다
　　*～する時(に):~ㄹ/을 때

　　☐ ☐ ☐ ☐ ☐ .

7. 東京に住むようになって、どのぐらいになりますか。

　　☐ ☐ ☐ ☐ ?

8. その人の名前は聞いたことがありません。

　　☐ ☐ ☐ ☐ ☐ .

9. 毎晩(매일 밤)就寝(취침)前に何をしますか。

　　☐ ☐ ☐ ☐ ?

　　寝る前に日記(일기)を書きます。　　☐ ☐ ☐ ☐ .

10. 先に(먼저)電話を掛けた後に尋ねて行きましょうか。　　*尋ねて行く:찾아가다

　　☐ ☐ ☐ ☐ ☐ ?

発展練習

P2 17-2-1

1. 例：첫눈이 내리다(初雪が降る)/날(日)에 처음 만나다 →
   　　첫눈이 내리던/내렸던 날에 처음 만났어요.

   1) 오랫동안(長い間) 다니다/회사를 그만두다(辞める) →

   2) 조개껍데기(貝殻)를 줍다/바다에 다시 가고 싶다 →

   3) 옛날에 살다/집/없어지다 →

P2 17-2-2

2. 例：어제 보다/영화/하나도(全然) 재미없다 → 어제 본 영화는 하나도 재미없었어요.

   1) 지금 신다/구두/좀 작다 →

   2) 아까 먹다/카레라이스(カレーライス)/너무 비싸다 →

   3) 전보다(前より) 실력이 늘다(実力が伸びる)/학생/아주 많다 →

P2 17-2-3

3. 例：계절이 바뀌다(季節が変わる)/시기(時期)/환절기(季節の変わり目)/언제 →
   　　계절이 바뀌는 시기, 즉(つまり) 환절기가 언제예요?

   1) 음식을 만들다/곳(所)/부엌(台所)/어디 →

   2) 지금 살다/데(所)/주소/어디 →

   3) 꽃을 팔다/가게/꽃집(花屋)/어디 →

🔊 P2
17-2-4

4. 例：친구하고 만나다/장소/어디 → 친구하고 만날 장소가 어디예요?

1) 아기가 태어나다(生まれる)/예정일(予定日)/언제 →
_____

2) 같이 사진을 찍다/사람/누구 →
_____

3) 일을 돕다/자원 봉사자(ボランティア)/몇 명 →
_____

🔊 P2
17-2-5

5. 例：중국어를 공부하다 → 중국어를 공부한 적이 있어요./없어요.

1) 길(道)에서 돈을 줍다 →
_____

2) 자신(自分)의 잘못(過ち)을 깨닫다(気付く) →
_____

3) 강(川)에서 보트(ボート)를 젓다(漕ぐ) →
_____

🔊 P2
17-2-6

6. 例：고향을 떠나다(離れる)/10년 → A:고향을 떠난 지 얼마나 돼요?/됐어요?/지났어요?
　　　B:고향을 떠난 지 10년이 돼요./됐어요./지났어요.

1) 약속 시간이 지나다/반 시간 →
A:_____　B:_____

2) 머리를 깎다(散髪をする)/1달(1ヶ月) →
A:_____　B:_____

3) 그 분을 알다(知り合う)/3년 →
A:_____　B:_____

🔊 P2
17-2-7

7. 例：대학 입학/운전 면허를 따다(運転免許を取る) →
　　　A:대학 입학 전에 운전 면허를 땄어요.　B:대학 입학 후에/뒤에 운전 면허를 땄어요.

1) 합격자 발표(合格者の発表)/결과(結果)를 알다 →
A:_____　B:_____

2) 하루 3번 식사(食事)/약을 먹다(薬を飲む) →
A:_____　B:_____

3) 결혼/새 집으로 이사를 하다 →
A:_____　B:_____

8. 例：출국 수속(出国手続き)을 하다/환전(両替)하다 →
　　　A：출국 수속을 하기 전에 환전해요.　B：출국 수속을 한 후에/뒤에 환전해요.

1) 시험이 끝나다/열심히 공부하다 →
A:　　　　　　　　　　　　　　　　B:

2) 가방을 들다/신발을 신다(履物を履く) →
A:　　　　　　　　　　　　　　　　B:

3) 침대(ベッド)에 눕다/조명을 끄다(照明を消す) →
A:　　　　　　　　　　　　　　　　B:

応用練習

● 次の日本語を「해요」体の韓国語に直してみましょう。

1) この頃(요즘)聴く歌よりも、前(전)に聴いていた歌が良かったです。
A:

2) これからは(앞으로는)できるだけ(될수록)多く両親を手伝うつもり(생각)です。
A:

3) ここは開業してからまだ(아직)1年しか経っていません。　　＊開業する：새로 문을 열다
A:

4) この運動靴(운동화)は一度も(한 번도) 洗ったことがありませんか。　　＊洗う：빨다
A:

5) 家の周り(집 주위)を回る(돌다)前に準備(준비)運動をして、
　回った後にシャワーを浴びます。　　＊シャワーを浴びる：샤워를 하다
A:

第17課　動詞の連体形など

第18課 形容詞の連体形など

基礎表現

1 형용사의 연체형：形容詞の連体形

구분(区分)	①過去 (〜かった〜)	②現在 (〜な〜)	③未来 (〜だろう〈と思われる〉〜)
1) 母音語幹＋	(았/었)던	ㄴ	ㄹ
2) 子音語幹＋	(았/었)던	은	을
3) ㄹ語幹(脱落)＋	ㄹ(았/었)던	ㄴ	ㄹ

① 싸다(安い)：　　　쌌던/싸던　　　싼　　　쌀
② 작다(小さい)：　　작았던/작던　　작은　　작을
③ 길다(長い)：　　　길었던/길던　　긴　　　길
④ 바쁘다(忙しい)：　바빴던/바쁘던　바쁜　　바쁠
⑤ 춥다(寒い)：　　　추웠던/춥던　　추운　　추울
⑥ 낫다(優れている)：나았던/낫던　　나은　　나을
⑦ 빠르다(速い)：　　빨랐던/빠르던　빠른　　빠를

2 形容詞＋ㄴ/은지：〜(である)のか

＊1)「얼마나＋ㄴ/은지」：どんなに〜なのか、あまりにも〜くて〈程度の甚だしさを表す表現〉

누가 키가 큰지 재 볼까요?(誰が背が高いか測ってみましょうか。)

여기서 가까운지 먼지 물어 봅시다.(ここから近いのか、遠いのか訊いてみましょう。)

둘 중에 어느 쪽이 나은지 잘 모르겠어.(二人の内どちらが良いのか、よく分からない。)

얼마나 귀여운지 첫눈에 반했어요.(あまりにも可愛くて、一目ぼれしました。)

얼마나 어려운지 죽는 줄 알았어.(あまりにも難しくて、死ぬかと思った。)

3 形容詞+ㄹ/을 테니까：～(である)だろうから〈推量の意を表す表現〉

지하철이 빠를 테니까 지하철을 탑시다. (地下鉄が速いだろうから、地下鉄に乗りましょう。)
내일은 맑을 테니까 놀러 갈까요?　　　　(明日は晴れるだろうから、遊びにいきましょうか。)
과자가 좀 달 테니까 홍차랑 같이 먹어. (お菓子が少し甘いだろうから、紅茶と食べてね。)

4 動詞+ㄹ/을 테니까：～する(つもりだ)から〈1人称主語の意志の意を表す表現〉

과일을 깎을 테니까 좀 드셔 보세요.　　(果物を剥きますから、少し召し上がってみてください。)
앞에서 끌 테니까 뒤에서 밀어 주세요.　(前から引っ張りますから、後ろで押してください。)
나도 도울 테니까 걱정하지 마.　　　　　(僕も手伝うから、心配しないで。)

コラム　　韓国では…

- **年齢は数え年でいう？**：一般的には「満」よりも「数え」で歳を言うケースが多いので、正確性が求められる場合や気になる場合は確かめる必要があるかもしれない。

- **誕生日にワカメスープを飲む？**：韓国では、出産を終えた女性の回復のために、しばらくの間、牛肉などを入れたワカメスープ(미역국)を飲ませる習慣がある。自分を生んでくれた時の母親の大変な苦労を振り返ると同時に、深い感謝の意を込めてワカメスープを飲むのである。

- **夫婦別姓？**：韓国人の名字は、基本的には一生変わらない。したがって夫婦別姓が原則。しかし最近は、両親の名字を合わせて名乗る人々も現れている。韓国人の名字はそのほとんどが1文字の漢字であるが、一部2文字の名字も存在する。

- **我々の夫？・我々の妻？**：長い歳月にわたって主に氏族中心の農業を営んできた韓国の人々は「우리：我々、我々の～」という表現を好んで多用する。「うちの学校」と「うちの会社」は「우리 학교」、「우리 회사」と言い、自分の配偶者を言う時も「우리 남편：我々の夫」、「우리 집사람：我々の妻」という表現をよく使う。

- **4階はない？**：韓国の建物やエレベーターには「4階：4층(4層)」がないケースが多い。数字の「4：사」と漢字の「死：사」の発音が同じで、「死」を連想させられるのを嫌うからである。そのため、「3階」の次を「5階」にするか、英語のFourの頭文字Fをとって「F층」を広く使う。

基本練習　「해요」体で答えてみましょう。

1. 掃除をしたので、汚かった部屋が綺麗になりました。　＊汚い：더럽다

　□□□□ □□ □□□ □□□ □□□□□□□.

2. 短くて太い(굵다)人生(인생)と長くて細い(가늘다)人生、どちらが良いですか。＊短い：짧다

　□□□ □□□ □□, □□□ □□□ □□,

　□□□ □□□□□?

3. 幼い(어리다)人が子供(어린이)で、若い(젊다)人が若者(젊은이)です。

　□□□ □□□ □□□□, □□□ □□□

　□□□□□.

4. 黒かった髪が白い(하얗다)髪になるまで幸せに(행복하게)暮らしてください。

　＊黒い：까맣다　＊～になる：～가/이 되다　　　　　□□ □□

　□□□ □□□ □□ □□ □□ □□□□□□.

5. 値段があまりに高くて、一つしか買えませんでした。

　□□□ □□□ □□□ □□ □□ □□□□□.

6. 景色(경치)があまりにも美しくて、びっくりしたよ。　＊びっくりする：깜짝 놀라다

　□□□ □□□□ □□□□ □□ □□□□.

7. 人が多いだろうから、休日に行きましょうか。

　□□ □□ □□□□ □□□ □□□□?

8. 外(밖)は寒いだろうから、厚着をしてください。　＊厚着をする：옷을 두껍게 입다

　□□ □□ □□□□ □□ □□□ □□□□.

9. すぐ行きますから、少々お待ち下さい。

　□ □□□ □□ □□ □□□□□.

10. 昼食は私が作りますから、ご飯を食べた後に後片付け(설거지)をお願いします。

　□□□ □□ □□□□,

　□□ □□ □□ □□□□ □□□□□.

122　PartⅡ 実用会話

発展練習

P2 18-2-1

1. 例：비싸다/물건/싸다 → 비싸던/비쌌던 물건이 많이(だいぶ)/갑자기(急に) 싸졌어요.

1) 바쁘다/알바 일/한가하다(暇だ) →

2) 좁다/도로(道路)/넓다 →

3) 덥다/날씨/선선하다 →

4) 시끄럽다/아이들(子供達)/조용하다 →

P2 18-2-2

2. 例：누가 더(もっと) 키가 작다/잘 모르다 → 누가 더 키가 작은 지 잘 몰라요.

1) 어느 방이 더 넓다(広い)/확인(確認)했다 →

2) 누구 머리가 더 길다/재 봤다 →

3) 어디가 더 가깝다/경찰(警察)한테 묻다 →

P2 18-2-3

3. 例：글자(字)/작다/안 보이다(見える) → 글자가 얼마나 작은지 잘 안 보여요.

1) 학교/멀다/3시간이나 걸리다(3時間もかかる) →

2) 강아지(子犬)/귀엽다/모두 예뻐하다(可愛がる) →

3) 음식/맵다/조금밖에 못 먹었다 →

🔊 **P2 18-2-4**

4. 例 : 신칸센이 편하다/신칸센으로 가다 → 신칸센이 편할 테니까 신칸센으로 갈까요?

1) 짐이 많다/택시를 타다 →

_____

2) 공항까지 멀다/일찍 출발(出発)하다 →

_____

3) 방이 많이 덥다/에어컨(エアコン)을 켜다 →

_____

🔊 **P2 18-2-5**

5. 例 : 도시락(お弁当)은 내가 사다/커피 값을 내다 →
　　　도시락은 내가 살 테니까 커피 값을 내세요.

1) 다시 한 번 설명(説明)하다/잘 듣다 →

_____

2) 사진을 찍다/밝게(明るく) 웃어 보다 →

_____

3) 무거운 짐은 내가 들다/가벼운 짐을 들어 주다 →

_____

4) 생선을 더 굽다/접시(皿)를 준비해 주다 →

_____

5) 나도 천천히(ゆっくり) 걷다/너무 무리(無理)하지 말다 →

_____

応用練習

● 次の日本語を「해요」体の韓国語に直してみましょう。

1) 楽しかった幼い時代に(시절로)戻りたいです。　＊楽しい：즐겁다　＊戻る：되돌아가다

A:

2) 長さ(길이)がどれぐらい長いのか、誰も分かりません。

A:

3) あまりにもすらりとしていて、本当に羨ましかったです。

＊すらりとしている：날씬하다　＊羨ましい：부럽다

A:

4) 今日は疲れただろうから、早めに(일찍)休んでください。　＊疲れている：피곤하다

A:

5) 私が電話を掛けるから、隣(옆)で内容(내용)をよく聞いてみてください。

A:

第19課 存在詞・指定詞の連体形など

基礎表現

1 존재사(存在詞：있다, 없다 など)
지정사(指定詞：〜이다, 〜아니다)의 연체형

구분(区分)	① 過去	② 現在	③ 未来
1) 있/없 +	있(었)/없(었)던	있/없는	있/없을
2) 이/아니 +	이(었)/아니(었)던	인/아닌	일/아닐

＊1) 〜인 〜：〜である〜　　＊2) 〜가/이 아닌 〜：〜ではない〜

2 用言の連体形+것 같다：
用言+ようだ
〈推量・確実ではない断定〉

3 用言の連体形+지(도) 모르다：
用言+かも知れない
〈可能性に対する疑問・状況に対する心配〉

1) 동사 : 전화를 걸다(電話をかける)

　① 전화를 걸었던 것 같아요.　　　전화를 걸었을지도 몰라요. ＊았/었을
　② 〃　건　〃　　　　　　　　　〃　건지도　〃
　③ 〃　거는　〃　　　　　　　　〃　거는지도　〃
　④ 〃　걸　〃　　　　　　　　　〃　걸지도　〃

2) 형용사 : 문제가 어렵다(問題が難しい)

　① 문제가 어려웠던 것 같아요.　　문제가 어려웠을지도 몰라요. ＊았/었을
　② 〃　어려운　〃　　　　　　　〃　어려운지도　〃
　③ 〃　어려울　〃　　　　　　　〃　어려울지도　〃

3) 존재사 : 영화가 재미있다/없다 (映画が面白い/面白くない)

① 영화가 재미있었던 것 같아요.　　영화가 재미있었을지도 몰라요. *었을
② 〃　　재미있는　　〃　　　　　　〃　　재미있는지도　　〃
③ 〃　　재미있을　　〃　　　　　　〃　　재미있을지도　　〃

④ 영화가 재미없었던 것 같아요.　　영화가 재미없었을지도 몰라요. *었을
⑤ 〃　　재미없는　　〃　　　　　　〃　　재미없는지도　　〃
⑥ 〃　　재미없을　　〃　　　　　　〃　　재미없을지도　　〃

4) 지정사 : 유학생이다/아니다 (留学生だ/ではない)

① 유학생이었을 것 같아요.　　　　유학생이었을지도 몰라요. *었을
② 유학생인　　〃　　　　　　　　유학생인지도　　〃
③ 유학생일　　〃　　　　　　　　유학생일지도　　〃

④ 유학생이 아니었던 것 같아요.　 유학생이 아니었을지도 몰라요. *었을
⑤ 〃　　아닌　　〃　　　　　　　〃　　아닌지도　　〃
⑥ 〃　　아닐　　〃　　　　　　　〃　　아닐지도　　〃

＊全ての用言の未来連体形の後に続く平音〈ㄱ, ㄷ, ㅂ, ㅅ, ㅈ〉の発音は、
　それぞれの濃音の[ㄲ, ㄸ, ㅃ, ㅆ, ㅉ]に変わる。

基本練習　2.以外は、「해요」体で答えてみましょう。

🔊 P2
19-1

1. まだ(아직)未成年者(미성년자)である私は酒が飲めません。

　□　□　□　□　□　□ .

2. 単なる(단순한)動物(동물)ではない万物の霊長(만물의 영장)。

　□　□　□　□　□ .

3. お祖母さんは風邪(감기)がすっかり(완전히)治ったみたいです。　＊治る：낫다

　□　□　□　□　□　□　□ .

4. 休日は早く終わる(문을 닫다)かも知れません。

　□　□　□　□ .

5. 先週は論文(논문)のために物凄く(너무)忙しかったようです。　□

　□　□　□　□ .

6. 前食べたキムチ(김치)と味がちょっと違う(다르다)かも知れません。

　□　□　□　□　□

　□ .

7. 若かった頃 (때)は本当に格好よかったみたいです。　＊格好よい：멋있다

　□　□　□　□　□ .

8. 精神的(정신적)にあまり(별로)余裕(여유)がないかも知れません。

　□　□　□　□　□ .

9. あの方が有名な大学教授(교수)のようです。　＊有名だ：유명하다

　□　□　□　□　□ .

10. 約束した日(날)が今日ではないかも知れません。

　□　□　□　□　□ .

128　PartⅡ 実用会話

発展練習

P2 19-2-1

1. 例:집에 있다/사람이 누구예요? → A:집에 있(었)던/있는 사람이 누구예요?

1) 시간이 있다/때는 언제예요? → A:

2) 맛이 없다/음식이 어느 거예요? → A:

3) 그다지(それほど) 재미없다/영화도 많아요. → A:

P2 19-2-2

2. 例:성적(成績)이 우(優)다/학생 → A:성적이 우인/우가 아닌 학생도 있어요.

1) 공부가 취미(趣味)이다/연구자(研究者) → A:

2) 고향이 지방(地方)이다/친구 → A:

3) 가격(価格)이 천 원/물건(品物) → A:

P2 19-2-3

3. 例:집안일(家事)을 돕다 → A:집안일을 도왔던/도운/돕는/도울 것 같아요.
B:집안일을 도왔을지도/도운지도/돕는지도/도울지도 몰라요.

1) 그 소식(便り)을 듣다 → A:

B:

2) 병(病気)이 다 낫다 → A:

B:

3) 성적이 오르다(上がる) → A:

B:

P2 19-2-4

4. 例:배가 많이 고프다 → A:배가 많이 고팠던/고픈/고플 것 같아요.
B:배가 많이 고팠을지도/고픈지도/고플지도 몰라요.

1) 호텔 방이 좀 덥다 → A:

B:

2) 음식이 너무 달다 → A:

B:

3) 키가 전혀(全く) 다르다(異なる) → A: _____

B: _____

🔊 P2
19-2-5

5. 例:야경(夜景) 아주 멋있다 → A:야경이 아주 멋있었던/멋있는/멋있을 것 같아요.
　　　B:야경이 아주 멋있었을지도/멋있는지도/멋있을지도 몰라요.

1) 정치(政治)에 관심(関心)이 있다 → A: _____

B: _____

2) 비빔밥이 참(とても) 맛있다 → A: _____

B: _____

3) 스포츠에는 흥미(興味)가 없다 → A: _____

B: _____

4) 그 오페라는 하나도 재미없다 → A: _____

B: _____

🔊 P2
19-2-6

6. 例:무서운 선생님이다 → A:무서운 선생님이었던/선생님인/선생님일 것 같아요.
　　　B:무서운 선생님이었을지도/선생님인지도/선생님일지도 몰라요.

1) 한국말이 유창(流暢)한 외국인이다 → A: _____

B: _____

2) 미국에서 아주 유명한 스타(이)다 → A: _____

B: _____

＊「母音＋이었」の縮約形は「母音＋였」

3) 별로(あまり) 좋은 날씨가 아니다 → A: _____

B: _____

4) 그다지 성실(誠実)한 학생이 아니다 → A: _____

B: _____

応用練習

● 次の日本語を「해요」体の韓国語に直してみましょう。

1) ここにあった私のメガネ(안경)、どこに行ったのか(갔는지)分りませんか。

A:

2) 名字(성)が2文字(두 자)である韓国人もいます。

A:

3) 私は今まで両親の思い(생각)と真心(마음)がよく分からなかったような気がします。

A:

4) これから当分の間(당분간)は(天気が)暖かいかも知れません。

A:

5) その方は非常に(매우)立派な先生だったようです。　　*立派だ：훌륭하다

A:

第20課 意志・意図・約束や可能・不可能の表現

基礎表現

1 助詞 1) ~처럼(은):~のように(は)、~と同じように(は)、~ほどに(は)
2) ~만큼(은):~ほど(は)、~と同じ程度に(は)

1) 마치 가수처럼 노래를 잘해요. (まるで歌手のように歌が上手です。)
   지난번 시험처럼은 어렵지 않았어요. (前回の試験ほどは難しくありませんでした。)

2) 어린 아이가 어른만큼 많이 먹어요. (幼い子が大人と同じ位沢山食べます。)
   원작만큼은 재미있지 않았어요. (原作ほどは面白くなかったです。)

2 動詞+ㄹ/을게요:~します(から)〈話し手の意志・意図・約束の表現〉

*1)「動詞+ㄹ/을.」は「ぞんざいな表現」になる。　　*2) 発音は[ㄹ/을께요]になる。

무거운 짐은 제가 옮길게요. (重い荷物は私が運びます。)　*옮기다:運ぶ、移す
내일부터 정말 담배를 끊을게요. (明日から本当に禁煙します。)
좀 더우니까 창문을 열게요. (ちょっと暑いので窓を開けますね。)
약속 장소에서 기다리고 있을게. (約束場所で待ってるから。)

3 ~ㄹ/을 수 있/없다:~することができる/できない
〈可能・不可能の意を表す〉

*3) 発音は[ㄹ/을 쑤 읻/업따]になる。

이걸 택배로 보낼 수도 있어요? (これを宅配便で送ることもできますか。)
다리가 아프지만 호텔까지 걸을 수는 있어.

(脚が痛いけどホテルまで歩くことはできるよ。)

숙제가 많아서 휴일에도 놀 수가 없어요. (宿題が多くて休日も遊べません。)
너무 바쁘기 때문에 부모님을 도울 수도 없어.

(忙しすぎて両親を手伝うこともできない。)

4 ~ㄹ/을 줄 알/모르다：~をする方法・やり方を知っている/知らない
〈能力の有無の意を表す〉

*4) 発音は[ㄹ/을 쭐 알/모르다]になる。

한국말을 조금은 할 줄 알아요.(韓国語が少しはできます。)

어머니께서도 삼계탕을 만들 줄 아세요?(お母様もサムゲタンが作られますか。)

생선을 잘 구울 줄 몰랐어요.(魚の上手な焼き方をしりませんでした。)

아직도 배를 저을 줄 몰라요.(未だに船の漕ぎ方がわかりません。)

コラム　　속담(ことわざ)

日本と同様、韓国でも日常生活の中でことわざが頻繁に使われる。その数も実に多く、次のように動物の名前が含まれていることわざの使用頻度も高い。

- ❏ 새 발의 피(鳥の足の血)：物事が極めて少量であることや非常に軽微であることの例え。「조족지혈(鳥足之血)」ともいう。
- ❏ 우물 안 개구리(井戸の中のかわず)：見識が狭く、他に広い世の中や別の物事が存在するのを知らないという意味。
- ❏ 꿩 먹고 알 먹기(キジも食べ、その卵も食べる)：一つの仕事で二つの利益・効果を得ること。「一石二鳥(일석이조)」。
- ❏ 개천에서 용 난다(どぶから龍が生まれる)：非常に劣悪で貧しい環境や家から優れた人材が出た際に用いることわざ。「トンビがタカを産む」。
- ❏ 호랑이도 제 말하면 온다(虎も自分の噂をすれば現れる)：話題に上がっている第3者がたまたまちょうどその時に現れることを指す。「噂をすれば影がさす」。
- ❏ 지렁이도 밟으면 꿈틀한다(ミミズも踏めばびくっとうごめく)：いかに弱い立場の者でも、軽蔑されたり無視されたりすると、そのうち怒りを爆発させるという意を表す。「一寸の虫にも五分の魂」。
- ❏ 쥐 구멍에도 볕 들 날이 있다(ネズミの穴にも陽の差す日がある)：不運や逆境が続いても、時が来れば必ずそこから脱する日が到来するということを表す。「待てば海路の日和あり」。
- ❏ 바늘 도둑이 소 도둑 된다(針泥棒が牛泥棒になる)：最初は小さかった悪事や悪い癖も、繰り返せば大きな悪事をすることになるという意を表す。
- ❏ 고슴도치도 제 새끼는 예쁘다(ハリネズミも自分の子はかわいい)：親なら誰もが自分の子供が可愛く思われるという意味。親ばかの例えとしても使う。
- ❏ 고래 싸움에 새우 등 터진다(鯨の喧嘩に小エビの甲羅が裂ける)：強いもの同士の争いに弱いものが巻き込まれて、被害を受けるという意味。

基本練習 4.と5.以外は、「해요」体で答えてみましょう。

P2 20-1

1. 先生のように、後について(따라서)発音(발음)してみてください。

2. 外国人だけど日本人のように日本語が流暢です。

3. 僕も読書(독서)が好きだけど兄ほど好きではありません。

4. 小雨(가랑비)が降っているけど、自転車(자전거)で行って来る(갔다 오다)ね。

5. 電話をくれればすぐ(곧)空港(공항)まで迎えに行く(마중 나가다)から。

6. 二人で(둘이서)ソウル駅まで尋ねて行く(찾아가다)ことができますか。

7. 手に怪我をしたので、今は運転(운전)できません。　＊手に怪我をする：손을 다치다

8. 運転免許(면허)持っていますか〈ありますか〉。私は運転できません。

9. 口笛が吹けますか。　＊口笛を吹く：휘파람을 불다

　　　はい、もちろん(물론) 吹けますよ。

10. 韓日辞書の引き方が分かりますか。はい、分かります。

発展練習

P2 20-2-1

1. 例：얼굴이 귀엽다/아기 →
   A：얼굴이 아기처럼 귀여워요?　　B：아기처럼은 귀엽지 않아요.

1) 돈을 쓰다(使う)/물 →
   A：＿＿＿＿＿＿＿＿＿＿　　B：＿＿＿＿＿＿＿＿＿＿

2) 술을 마시다/술고래(大酒飲み) →
   A：＿＿＿＿＿＿＿＿＿＿　　B：＿＿＿＿＿＿＿＿＿＿

3) 피부(肌)가 하얗다/눈 →
   A：＿＿＿＿＿＿＿＿＿＿　　B：＿＿＿＿＿＿＿＿＿＿

P2 20-2-2

2. 例：네이티브/말을 잘 하다(話すのが上手だ) →
   A：네이티브만큼 말을 잘 해요?　　B：네이티브만큼은 말을 잘 하지 못해요.

1) 우주(宇宙)/ 마음이 넓다 →
   A：＿＿＿＿＿＿＿＿＿＿　　B：＿＿＿＿＿＿＿＿＿＿

2) 일본 사람/친절하다(親切だ) →
   A：＿＿＿＿＿＿＿＿＿＿　　B：＿＿＿＿＿＿＿＿＿＿

3) 전문가(専門家)/잘 알다 →
   A：＿＿＿＿＿＿＿＿＿＿　　B：＿＿＿＿＿＿＿＿＿＿

P2 20-2-3

3. 例：어디서 만나다/역 앞 광장(広場)으로 가다 →
   A：어디서 만날까요?　　B：역 앞 광장으로 갈게요.

1) 언제쯤 모이다(集まる)/주말에 전화를 걸다 →
   A：＿＿＿＿＿＿＿＿＿＿　　B：＿＿＿＿＿＿＿＿＿＿

2) 뭘 시키다(注文する)/난 콜라(コーラ)를 마시다 →
   A：＿＿＿＿＿＿＿＿＿＿　　B：＿＿＿＿＿＿＿＿＿＿

3) 누가 이사를 돕다/내가 친구하고 같이 돕다 →

A: _____ B: _____

4) 모두 함께(一緒に) 사진을 찍다/제가 찍어 드리다 →

A: _____ B: _____

P2
20-2-4

4. 例: 아침에 스스로(自分で) 일어나다 →

　　A: 아침에 스스로 일어날 수 있어요?　B: 아침에 스스로 일어날 수 없어요.

1) 여기서 밤(栗)하고 은행(ぎんなん)을 줍다 →

A: _____ B: _____

2) 오늘은 늦게까지(遅くまで) 놀다 →

A: _____ B: _____

3) 이 옷은 손으로 빨다(洗う) →

A: _____ B: _____

4) 유행하는 음악을 듣다 →　　　　　　　　　　*유행하다: 流行する、はやる

A: _____ B: _____

P2
20-2-5

5. 例: 이름을 한글로 쓰다 →

　　A: 이름을 한글로 쓸 줄 알아요.　B: 이름을 한글로 쓸 줄 몰라요.

1) 이 애(子)는 혼자서 신발을 신다 →

A: _____ B: _____

2) 핸드폰으로 국제(国際) 전화를 걸다 →

A: _____ B: _____

3) 맛있는 케이크(ケーキ)를 만들다 →

A: _____ B: _____

4) 경찰(警察)한테 한국말로 길을 묻다 →

A: _____ B: _____

応用練習

● 次の日本語を「해요」体の韓国語に直してみましょう。

1) 将来(나중에)両親(부모님)のように立派な社会人(사회인)になりたいです。

＊立派だ：훌륭하다

A: _____

2) 韓国語を毎日少しずつ(조금씩)練習はするけど、先輩ほど上手にはできません。

A: _____

3) バイトの給料(알바 월급)を貰ったので、今日は私がおごります。

＊貰う：받다　おごる：한턱 내다

A: _____

4) ここは禁煙なのでタバコを吸う(담배를 피우다)ことができませんでした。

A: _____

5) 私はピアノは弾けるけど、笛(피리)は吹けません。　　＊弾く：치다　吹く：불다

A: _____

第20課　意志・意図・約束や可能・不可能の表現

索引（韓→日）

＊PartⅡの第1課～第20課に出る語彙を収録。
数字は初出の課を示す。

ㄱ

韓	日	課
～가	～が	1
～가/이 생기다	～が生じる、～ができる	15
～가/이 아니다	～ではない	2
가게	店	17
가격	価格	19
가늘다	細い	18
가랑비	小雨	20
가르치다	おしえる	12
가방	鞄	4
가볍다	軽い	16
가수	歌手	20
～ 가운데	～の中に、～の中で	17
가을 하늘	秋空	15
～가/이 되다	～になる	12
가정교사	家庭教師	3
가족	家族	1
가족 여행	家族旅行	13
간단하다	簡単だ	2
감기가 들다	風邪を引く	15
감기에 걸리다	風邪を引く	13
감사하다	感謝する	2
갑자기	急に	18
값	値段	1
강	川	12
강아지	子犬	18
강풍	強風	9
개	犬	7
～개	～個、～つ	7
개찰구	改札口	11
～거나	～したりする、～するかする	11
거리	街	13
걱정하다	心配する	18
건강하다	健康だ	14
걷다	歩く	12
걸다	かける	1
～ 것 같다	～するようだ、～であるようだ	19
겨울	冬	4
결과	結果	17
결석하다	欠席する	4
결혼	結婚	17
경제학부	経済学部	3
경찰	警察	12
경치	景色	10
계시다	いらっしゃる	2
계절	季節	4
～고	～て、～し	9
～고 싶다	～したい	9
～고 싶어하다	～したがる	9
～고 있다	～ている	3
고기	肉	4
고등학생	高校生	8
고르다	選ぶ	14
고마바	駒場	3
고맙다	有り難い	2
고양이	猫	7
고전 문학	古典文学	11
고향	故郷	1
곡	曲	15
곧	すぐ	14
곱다	きれいだ	10
곱다	かじかむ	10
공	ゼロ、零	6
공기	空気	8
공부	勉強	2
공부하다	勉強する	1
공원	公園	6
공중전화	公衆電話	6
공책	ノート	12
공항	空港	12
～과	～と	2

과목	科目	4
과일	果物	4
과자	お菓子	11
관심	関心	15
관현악	管弦楽	9
광장	広場	20
괜찮다	結構だ、構わない、大丈夫だ	2
교과서	教科書	7
교수	教授	19
교실	教室	8
교외	郊外	15
구	9	6
구경	見物	3
구경하다	見物する	14
구글	グーグル	4
구두	靴	4
구분	区分	2
국제 전화	国際電話	2
굵다	太い	18
굽다	焼く	10
굽다	曲がっている	10
~권	~冊	7
그글피	弥のあさって	6
그끄저께	さきおととい	6
그냥	そのまま	16
그다지	それほど、そんなに	10
그래서	それで	4
그런데	ところで、	3
그렇다	そうだ	15
그렇지만	そうだけれども	4
그리고	そして	3
그만	もう、そのぐらいで	13
그만두다	辞める	17
그저께	おととい	6
근처	近所	11
글쎄요	さあー、そうですね	16
글피	しあさって	6
금방	すぐ	9
금요일	金曜日	6
급한 볼일	急用	15

긋다	引く	13
~기 때문에	~するから、~なので〈理由〉	16
~기 쉽다	~しやすい、~しがちだ	16
~기 어렵다	~しにくい、~するのが困難だ	16
~기 위해서	~するために〈目的〉	16
~기 좋다	~しやすい、~するのにいい	16
~기도 하다	~することもある、~したりする	16
~기로 하다/정하다/약속하다		
	~することにする・決める・約束する	16
기뻐하다	喜ぶ	15
기쁘다	嬉しい	8
기숙사	寄宿舎、寮	3
기업가	起業家	9
기온	気温	9
기타	ギター	9
길	道	10
길다	長い	1
김밥	海苔巻き	9
김치	キムチ	5
김치찌개	キムチチゲ	10
까맣다	黒い	15
~까지	~まで	7
깎다	値切る	16
깜짝 놀라다	びっくりする	18
깨끗하다	きれいだ	3
깨닫다	気づく	12
~께	~に	5
~께서	~が	5
~께서는	~は	5
~께서도	~も	5
꼭	必ず	5
꽃집	花屋	14
꾸다	貸す	16
끄다	消す	8
끈	紐	13
끌다	引っ張る	18
끝내다	終わらせる、終わりにする	14

ㄴ

| ~ㄴ/은 적이 있다/없다 | ~したことがある・~ない | 17 |

한국어	일본어	과
~ㄴ/은 지	~してから	17
~ㄴ/은 후에/뒤에	~した後に	17
~ㄴ/은지	~であるのか	18
나라	くに	3
나이	とし	5
나중에	後で	9
날씨	天気	2
날씬하다	すらりとしている	18
남다	残る、余る	16
남동생	弟	8
남편	夫	5
낫다	治る	13
낫다	よい	13
낮	昼間	7
낮잠	昼寝	3
낮잠을 자다	昼寝をする	11
내다	出す	12
내달	来月	13
내리다	降る	17
내용	内容	18
내일	あした	1
냉면	冷麺	11
너무	あまり、あまりにも	13
너무 너무	ものすごく	8
넓다	広い	2
넘어지다	転ぶ	15
네	はい	2
네~	四つの~	7
네이티브	ネーティブ	20
넷	四つ	7
~년	~年	6
노랗다	黄色い	15
노래	歌	5
노력하다	努力する	16
논문	論文	6
놀라다	驚く	18
농학부	農学部	3
누가	誰が	4
누구	誰	1
누구라도	誰でも	11
누구를	誰を、誰に	4
누굴	誰を、誰に〈누구를の縮約形〉	4
누나	姉、お姉さん	2
눕다	横たわる	10
뉴스	ニュース	14
뉴욕	ニューヨーク	3
~는	~は	1
늘	いつも、常に	11
늘다	伸びる	17
늦게	遅く	5
늦게까지	遅くまで	20
늦다	遅れる	8
늦다	遅い	15
늦잠	朝寝坊	15
늦잠을 자다	朝寝坊をする	4

ㄷ

한국어	일본어	과
다	皆、全て、完全に	13
~다가	~をしていて、~をする途中	14
다니다	勤める	3
다니다	行き来する	16
다르다	異なる	14
다리	脚	14
다섯	五つ	7
단순하다	単純だ	19
단순한	単なる	19
단어	単語	11
단어장	単語帳	5
단풍이 들다	紅葉する	13
닫다	閉める	12
달다	甘い	9
담당	担当	7
담배	タバコ	4
당분간	当分の間	19
~대	~台	7
대지진	大震災、大地震	16
대학생	大学生	2
대학원	大学院	3
대환영	大歓迎	11
댁	ご自宅	5

더	もっと	4
더럽다	汚い	15
덕분에	お陰で	4
덕택에	お陰さまで	13
덜	より少なく	16
덥다	暑い	5
데이트	デート	12
~도	~も	2
도로	道路	18
도서관	図書館	1
도시락	お弁当	5
도착	到着	15
도착하다	届く、到着する	10
도쿄	東京	3
독서	読書	9
돈	お金	9
돌	石	14
돌다	回る	17
돌아가시다	お亡くなりになる	5
돕다	手伝う、助ける	10
동물	動物	19
동사	動詞	17
동아리	サークル	9
돼지고기	豚肉	16
되돌아가다	戻る	18
될수록	できるだけ	11
두 ~	二つの~	7
두 자	２文字	19
두통	頭痛	15
둘	二つ	7
둘	二人	18
둘이서	二人で	20
뒤	後、後方	14
드라마	ドラマ	5
드리다	差し上げる	5
드물게	まれに	16
드시다	召し上がる、お飲みになる	5
듣다	聴く、聞く	1
~들	~ら、~達	2
들고 다니다	持ち歩く	16
들다	持つ	9
들르다	立ち寄る	9
들어오다	入ってくる	15
따다	取る 資格などを	17
따뜻하다	暖かい	2
따라서	後について、真似をして、従って	20
따르다	従う	14
딸기	イチゴ	16
땅	土	13
떠나다	離れる	17
또	また	15
뛰다	走る	15
뜻	意味	14

ㄹ

~ㄹ/을 거예요	~するつもりです、~するでしょう	10
~ㄹ/을 거예요?	~するつもりですか	10
~ㄹ/을 때	~する時に	17
~ㄹ/을 줄 알다/모르다	~することができる・~できない	20
~ㄹ/을 테니까	~であるだろうから、~するつもりだから	18
~ㄹ/을게요	~しますから	20
~ㄹ/을까요?	~しましょうか、~でしょうか	10
라디오	ラジオ	12
라면	ラーメン	1
레몬	レモン	15
레스토랑	レストラン	4
~(으)로	~で	1
~를	~を	1
~를/을 만나다	~に会う	4
~를/을 싫어하다	~が嫌いだ	4
~를/을 좋아하다	~が好きだ	4
~를/을 타다	~に乗る	4
리포트	レポート	7

ㅁ

~마리	~匹、~羽、~頭	7
마시다	飲む	5
마음	真心、心	19
마음껏	思う存分	11
마흔	40〈固有数詞〉	7

索引(韓→日)　141

만	万	6
～만	～だけ、～ばかり	16
만나다	合う	1
만들다	作る	2
만물	万物	19
만지다	触る	12
～만큼	～ほど、～と同じ程度に	20
만화	漫画	11
많다	多い	2
말	話、言葉	5
말씀	お話、お言葉	3
말씀드리다	申し上げる	5
말씀하시다	おっしゃる、お話になる	5
말하다	話す、言う	5
맑다	晴れる	18
맛	味	17
맛없다	美味しくない	2
맛이 있다	美味しい	4
맛있다	美味しい	2
매일	毎日	1
맥주	ビール	9
맵다	辛い	10
머리	髪の毛、頭	1
머리를 깎다	散髪をする	17
먹다	食べる、飲む	1
먼지	埃	15
멀다	遠い	9
멋있다	格好よい	19
메구로구	目黒区	3
멕시코	メキシコ	3
며칠	何日	6
면	面	13
면세점	免税店	9
～명	～名	5
몇 분	何名様	5
몇 사람	何人	5
몇 학년	何年生	3
모레	あさって	1
모르다	分からない、知らない	4
모으다	集める	8

모이다	集まる	20
모처럼의	久々の	15
목요일	木曜日	6
못 ～	できない～	4
몽골	モンゴル	3
무겁다	重い	20
무리	無理	15
무리하다	無理をする	18
무섭다	怖い	13
무슨 ～	何の～	1
무엇을	何を	4
무엇이라도	何でも	11
문	門、扉、ドア	17
문자	メール、文字	8
문장	文章	5
문제	問題	2
문학부	文学部	3
묻다	埋める	12
묻다	尋ねる	12
물	水	2
물건	品物	9
물고기	魚	12
물론	もちろん	20
뭐	何〈무엇の縮約形〉	1
뭐라도	何でも〈무엇이라도の縮約形〉	11
뭘	何を	1
미국	アメリカ、米国	3
미끄럽다	滑りやすい	15
미남	美男	14
미성년자	未成年者	19
미안하다	すまない	6
믿다	信じる	12
밀다	押す	10

ㅂ

～ㅂ/습니다만	～ですが、～ますが	9
～ㅂ/읍시다	～しましょう	11
바뀌다	変わる	17
바다	海	2
바람	風	3

바쁘다	忙しい	4	~보다는/도	~よりは/も	16
바지	ズボン	14	보이다	見せる	12
밖	外	13	보트	ボート	17
~밖에	~しか	16	복습	復習	2
반	半	7	복잡하다	複雑だ	2
반 년	半年	17	볼링	ボーリング	4
반갑다	嬉しい、懐かしい	1	볼펜	ボールペン	6
반시간	半時間、30分	15	봄방학	春休み	2
반찬	おかず	10	뵙다	お目にかかる	1
반하다	惚れる	18	부드럽다	柔らかい	16
받다	受ける、もらう	12	부럽다	羨ましい	18
발음	発音	3	부르다	呼ぶ	14
발음하다	発音する	6	부모	両親、父母	5
발표	発表	7	부모님	ご両親、両親	5
밝게	明るく	12	부산	釜山	3
밤	夜	7	부엌	台所	13
밤	栗	20	부엌 쓰레기	生ゴミ	13
밤새	一晩中	15	부옇다	ぼやけている	15
밥	ご飯、飯	5	부자	お金持ち	10
밥을 짓다	ご飯を炊く	13	부장님	部長さん	5
방	部屋	2	부치다	出す、送る	15
배	お腹	8	부탁하다	頼む、願う	1
배	船	13	~부터	~から	4
배가 고프다	お腹が痛い	8	~분	~方	1
백	百	6	~분	~名様	7
백화점	デパート	9	~분	~分	7
버스	バス	1	분쿄구	文京区	3
~번	~番、~回	7	불	火	8
번호	番号	6	불	灯り	12
벌레	虫	13	불고기	プルゴギ	7
벌써	すでに	14	불다	吹く	9
법학부	法学部	3	불안하다	不安だ	13
벗다	脱ぐ	13	붓다	注ぐ	13
베트남	ベトナム	3	비가 오다	雨が降る	4
변호사	弁護士	5	비밀	秘密	5
별로	あまり、それほど	8	비비다	混ぜる	4
병	病気	19	비빔밥	ビビンバ	4
~병	~本	7	비싸다	値段が高い	3
보내다	送る	2	비행기	飛行機	4
보다	見る、観る	2	빗다	梳く〈櫛で〉	13

索引(韓→日) 143

빗속	雨の中	12
빠르다	速い、早い	14
빨갛다	赤い	15
빨다	洗う、洗濯する	17
빵	パン	10
빼앗다	奪う	13

ㅅ

사	4	6
사 학년	4年生	3
사극	時代劇	9
사다	買う	1
사람	人、ひと	2
사장	社長	9
사장님	社長さん	5
사전을 찾다	辞書を引く	4
사증	ビザ	14
사진	写真	6
사촌	いとこ	12
사회인	社会人	20
산	山	2
산책	散歩	11
산책하다	散歩する	16
~살	~歳	7
살다	住む、暮らす、生きる	1
삼	3	6
삼 학년	3年生	3
삼계탕	サムゲタン	20
상관없다	結構だ、構わない	11
상당히	相当	9
상처	傷	13
상품	商品	3
새 ~	新しい~	9
새로	新しく	17
새로 문을 열다	開業する	17
색깔	色	10
생각	つもり、考え、思い	17
생년월일	生年月日	6
생맥주	生ビール	12
생선	魚	4

생신	お誕生日	5
생일	誕生日	1
샤워	シャワー	9
샤워를 하다	シャワーを浴びる	17
서다	立つ	12
서두르다	急ぐ	15
서랍	引き出し	8
서른	30〈固有数詞〉	7
서울	ソウル	1
서울대학교	ソウル大学	9
서점	書店	10
선	線	13
선물	プレゼント、贈り物、お土産	5
선배	先輩	2
선생님	先生	1
선선하다	涼しい	2
설거지	後片付け〈食事の〉	18
설명	説明	2
설명하다	説明する	8
섭섭하다	残念だ、残念に思う	13
성	名字	19
성실하다	誠実だ、真面目だ	19
성인	成人	15
성함	お名前	5
세~	三つの	7
~세	歳	7
세다	強い	2
세탁	選択	9
셋	三つ	7
소개하다	紹介する	3
소설	小説	3
소시지	ソーセージ	11
소식	便り	19
소주	焼酎	9
손	手	9
손님	お客さん	5
손목	手首	7
솟다	そびえる	13
쇠고기	牛肉	16
수속	手続き	17

수업	授業	6
수업을 받다	授業を受ける	17
수업중	授業中	6
수영	水泳	16
수요일	水曜日	6
수줍다	恥ずかしい	10
수필	随筆	9
수학	数学	4
숙제	宿題	11
숙제하다	宿題をする	3
숟가락	スプーン	4
술	酒	2
술고래	大酒飲み	20
쉰	50〈固有数詞〉	7
쉽다	易しい	10
스무~	２０の~	7
스물	20〈固有数詞〉	7
스스로	自分で, 自ら	20
스타	スター	19
스파게티	スパゲッティ	11
스페인	スペイン	3
스포츠	スポーツ	19
슬프다	悲しい	8
습기	湿気	16
~시	~時	7
시각	時刻	15
시간	時間	1
시간이 걸리다	時間がかかる	9
시계	時計	15
시골	田舎	9
시기	時期	17
시내	市内	8
시부야구	渋谷区	3
시야	視野	15
시원하다	涼しい	16
시월	10月	6
시인	詩人	16
시장	市場	11
시절	時代	18
시집	詩集	9

시키다	注文する	10
시험	試験	11
식사	食事	4
신다	履く	9
신문 배달	新聞配達	3
신주쿠구	新宿区	3
신칸센	新幹線	1
싣다	載せる	12
실내악	室内楽	9
실력	実力	17
실례	失礼	9
실례지만	失礼ですが	5
실례하다	失礼する	9
심심하다	退屈だ	11
십	10	6
싸다	安い	2
쓰다	書く	8
쓰레기통	ゴミ箱	14
쓸쓸하다	寂しい	13
씻다	洗う	9

ㅇ

~아/어 버리다	~してしまう	13
~아/어 보다	~てみる	12
~아/어 있다	~ている	12
~아/어 주다	~てあげる、~てくれる	12
~아/어 주시겠어요?	~てくださいますか	12
~아/어지다	~くなる	13
~아/어하다	~がる	13
아기	赤ん坊	12
아까	さっき	17
아니요	いいえ	2
~아도/어도 되다/좋다/괜찮다	~してもいい、~くてもいい	14
아르바이트	アルバイト	3
아름답다	美しい	10
아마	多分, おそらく	10
아무것도	何も	8
아무데도	どこにも	8
아무도	誰も	8

索引(韓→日) 145

아버님	お父様, お父さん	3	어디서	どこで	1
아버지	お父さん, 父	5	어떤 ~	どんな~	3
아빠	パパ	13	어떻게	どのように, どういうふうに	4
~아서/어서/해서	~ので, ~して	15	어떻다	どうだ	9
~아야/어야/해야 되다/하다	~しなければいけない, ~でなければならない	14	어렵다	難しい	10
아이들	子供達	10	어른	大人	20
아저씨	おじさん	5	어리다	幼い	18
아주머니	おばさん	5	어린이	子供	18
아직	まだ	12	어머니	お母さん, 母	5
아침	朝	4	어머님	お母様, お母さん	5
아침	朝食	17	어제	きのう	6
아프다	痛い	8	어젯밤	昨夜	3
아홉	九つ	7	억	億	6
아흔	90〈固有数詞〉	7	언니	姉, お姉さん	2
안	中	8	언어학	言語学	9
안 ~	しない~, くない~	8	언제	いつ	1
안경	眼鏡	19	언제나	いつも	2
안녕하다	安寧だ	1	언제라도	いつでも	11
안다	抱く	12	얻다	得る	12
안부	安否	3	얼굴	顔	20
알다	分かる, 知っている	4	얼마	いくら	1
알바	アルバイト	3	얼마나	あまりにも, どれくらい	18
앞	前	12	엄마	ママ	13
앞으로	これから	1	업다	おんぶする	12
애인	恋人	2	없다	いない, ない	1
야경	夜景	19	없어지다	なくなる	17
야채	野菜	4	~에	~に	3
야후	ヤフー	4	~에게	~に	5
약	薬	6	~에도	~にも	2
약속	約束	8	~에서	~で, ~にて	3
약속하다	約束する	16	~에서	~から	3
약을 먹다	薬を飲む	6	에어컨	エアコン	18
양	量	4	여권	パスポート	14
양해하다	了解する	15	여기	ここ	3
얘기하다	話す	2	여덟	八つ	7
어깨	肩	7	여동생	妹	2
어느분	どなた	5	여드름	ニキビ	13
어디	どこ	1	여든	80〈固有数詞〉	7
어디라도	どこでも	11	여름	夏	4
			여섯	六つ	7

여유	余裕	19
역사	歴史	4
역사 책	歴史の本	10
연구자	研究者	9
연극	演劇	3
연락	連絡	15
연락하다	連絡する	15
연세	お年	5
연습	練習	5
연습하다	練習する	14
연용형	連用形	12
연체형	連体形	17
열	十	7
열다	開ける	5
열심히	熱心に	4
영	零、ゼロ	6
영국	イギリス、英国	3
영업하다	営業する	8
영장	霊長	19
영화	映画	2
옆	隣、横	18
예	はい	1
예뻐하다	可愛がる	18
예쁘다	綺麗だ	8
예순	60〈固有数詞〉	7
예습	予習	2
예약하다	予約する	8
~예요.	~です。	1
~예요?	~ですか。	1
예정일	予定日	17
옛날	昔	8
오	5	6
오늘	今日	2
오다	来る	1
오래간만에	久しぶりに	15
오래간만이다	久しぶりだ	4
오랜 시간	長い時間	15
오랫동안	長い間	17
오르다	上がる	19
오빠	兄、お兄さん	2

오전	午前	7
오키나와	沖縄	3
오페라	オペラ	19
오후	午後	7
오히려	むしろ	13
올해	今年	16
옮기다	運ぶ、移す	20
옷	服	9
옷을 두껍게 입다	厚着をする	18
~와	~と	2
완전히	完全に	13
왜	どうして、なぜ	4
외국	外国	11
외국인	外国人	9
외우다	覚える	5
외출하다	外出する	14
요리	料理	11
요즘	最近、この頃	4
우리	我々、我々の	6
우주	宇宙	20
우체국	郵便局	7
우표	切手	8
운동	運動	1
운동화	運動靴	17
운전 면허	運転免許	17
운전하다	運転する	15
웃다	笑う	3
원	ウォン	1
원작	原作	20
~월	~月	6
월급	給料、月給	20
월요일	月曜日	6
위험하다	危険だ、危ない	15
유리창	ガラス窓	15
유명하다	有名だ	19
유월	6月	6
유창하다	流暢だ	19
유학생	留学生	2
유학을 가다	留学しに行く、留学する	16
유학하다	留学する	9

유행하다	流行する、はやる	20
육	6	6
~(으)니까	~から、~ので、~すると、~したら	15
~(으)러	~をしに、~をするために	11
~(으)려고 하다	~しようと思う、~するつもりだ	11
~(으)로	~で	1
~(으)면	~れば、~たら、~と	6
~(으)면 되다	~ればいい、~たらいい	6
~(으)면 안 되다	~くてはならない、~してはいけない	6
~(으)면서	~しながら	12
~은	~は	1
은행	銀行	3
은행	銀杏	11
은행원	銀行員	5
~을	~を	1
음식	食べ物、料理	2
음악	音楽	1
의미	意味	4
의사	医者	5
의자	椅子	12
의학부	医学部	3
이	2	6
~이	~が	1
이 학년	2年生	3
이공학부	理工学部	3
~(이)나	~や、~か、~または、~あるいは	11
~이다	~だ	1
이따가	後で〈その日の内〉	5
~(이)라고 하다	~と言う	1
~(이)라도	~でも	11
~(이)라면	~であれば、~だったら、~なら	6
~(이)랑	~と	2
이런 ~	このような~	10
이렇다	こうだ	15
이르다	早い	14
이름	名前	1
~(이)면	~であれば、~だったら、~なら	6
이미	すでに	15
이사	引っ越し	10
이사 가다	引っ越して行く	14

~이에요.	~です。	1
~이에요?	~ですか。	1
이유	理由	8
이해하다	理解する	15
인분	人分、人前	7
인스턴트 커피	インスタントコーヒー	11
일	1	6
일	日	6
일	仕事	8
일 학년	1年生	3
일곱	七つ	7
일기	日記	8
일본	日本	2
일어나다	起きる	16
일요일	日曜日	6
일찍	早く、早めに	5
일하다	仕事をする、働く	2
일한사전	日韓辞典	8
일흔	70〈固有数詞〉	7
읽다	読む	1
입다	着る	18
입학	入学	17
잇다	つなぐ	13
있다	いる、ある	1
잊다	忘れる	13
잊어버리다	忘れてしまう	9

ス

자다	寝る	3
자료	資料	8
자원 봉사자	ボランティア	17
자전거	自転車	4
자정	夜の0時	7
자주	よく、しょっちゅう、しばしば	3
자체	自体	14
작년	去年、昨年	16
작다	小さい	3
~잔	~杯	7
잘	よく	1
잘 못하다	下手だ	5

잘못	過ち	17
잘하다	上手だ	5
잠	眠り、睡眠	15
잡담하다	雑談をする	15
잡수시다	召し上がる	5
잡지	雑誌	4
장래	将来	13
장소	場所	20
재다	測る	18
재미없다	面白くない	8
재미있다	面白い	3
재작년	一昨年	5
재즈	ジャズ	9
재확인	再確認	14
잼	ジャム	16
저	私	1
저 ~	あの~	1
저기	あそこ	3
저녁	夕食	2
저녁	夕方	7
저축	貯蓄	16
저택	邸宅	10
적다	少ない	3
적다	書き止める、書く	12
전	前	6
전공	専攻	3
전문가	専門家	20
전시품	展示品	15
전에	の前に	17
전에는	前は	3
전차	電車	4
전철	電車、電鉄	1
전하다	伝える	3
전혀	全然、全く	8
전화	電話	1
전화 번호	電話番号	5
절대로	絶対、絶対に	16
젊은이	若者	18
점	点	13
점심	昼食	4
점심	昼	7
점심 시간	昼休み	7
점점	だんだん	13
접시	皿	18
젓가락	箸	14
젓다	漕ぐ	13
정각	定刻、定時	7
정년	定年	7
정류장	停留場	11
정리하다	整理する	8
정말	本当に	20
정식	定食	4
정신적	精神的	19
정오	正午	7
정치	政治	19
제 ~	私の~	1
제시간	定時	15
제일	一番、最も	13
제주도	チェジュド〈済州島〉	16
조	兆	6
조간	朝刊	11
조개껍데기	貝殻	17
조금씩	少しずつ	14
조깅	ジョギング	4
조명	照明	17
조부모님	祖父母さま	5
조용하다	静かだ	3
존재사	存在詞	19
졸다	居眠りをする	6
좀	ちょっと、少し	1
좁다	狭い	2
종종	時々	11
좋다	いい	3
죄송하다	もうしわけない	6
주다	あげる、くれる	5
주말	週末	2
주무시다	お休みになる	5
주소	住所	5
주위	周辺、周囲	16
주일	週刊	17

죽다	死ぬ	5
준비	準備	17
준비하다	準備する	15
줄다	減る	12
줍다	拾う	11
중국	中国	3
중학생	中学生	8
즉	即ち	17
즐겁게	楽しく	10
~지 못하다	~できない	8
~지 않다	~しない、~くない	8
지각하다	遅刻する	15
지갑	財布	14
지금	今	1
지나다	過ぎる	13
지난번	前回の、この前の	20
지난주 말	先週末	9
지다	散る	12
지도	地図	14
~지도 모르다	~するかも知れない、~であるかも知れない	19
~지만	~が、~けれども	9
지방	地方	19
지정사	指定詞	19
지진	地震	13
지하철	地下鉄	4
직업	職業	3
진지	お食事	5
진하다	濃い	13
짐	荷物	10
짐을 찾다	荷物を受け取る	11
집	家	1
집	店	15
집안일	家事	11
집을 짓다	家を建てる	13
집합	集合	14
짓다	作る	13
짧다	短い	2
~쯤	~くらい、~頃	7
찍다	撮る	6

え

차	車	15
참	とても、非常に	19
창	窓	11
창문	窓	5
찾다	調べる	4
찾다	探す	11
찾아가다	尋ねて行く	17
책	本	1
책상	机	7
처럼	のように、ほどに	20
처음	初めて、初め	1
천	千	1
천만에요	どういたしまして	2
천천히	ゆっくり	18
첫눈	初雪	17
첫눈에 반하다	一目ぼれする	18
청소	掃除、清掃	3
~초	~秒	7
초밥	寿司	1
최소하다	取り消す	8
축구	サッカー	4
출국	出国	17
출근	出勤	17
출발하다	出発する	14
출석	出席	14
출석을 부르다	出席を取る	14
출신	出身	3
충분히	十分	15
취미	趣味	1
취직하다	就職する	11
취침	就寝	17
치다	弾く	9
치닫다	駆けあがる	12
치르다	支払う	14
친구	友達	1
친절하다	親切だ	3
친척	親戚	8
칠	7	6

침대	ベット	12

ㅋ

카레라이스	カレーライス	17
카메라	カメラ	14
카피	コピー	12
칵테일	カクテル	8
커피	コーヒー	7
컴퓨터	コンピュータ	7
컵라면	カップラーメン	11
케이크	ケーキ	5
케이 팝	K-POP	14
켜다	点ける	12
콜라	コーラ	20
크기	大きさ	14
크다	大きい	8
큰 소리	大きい声	5
키	背丈	8
키가 크다	背が高い	15

ㅌ

타임 캡슐	タイムカプセル	12
태어나다	生まれる	17
택시	タクシー	14
토요일	土曜日	6
통째로	まるごと	13
퇴근	退社	17
튼튼하다	丈夫だ	4
파랗다	青い	15
팔	8	6
팔	腕	7
팔다	売る	10
페이지	ページ	7
편리하다	便利だ	3
편의점	コンビニ	1
편지를 부치다	手紙を出す	15
평일	平日	8
프랑스	フランス	3
피곤하다	疲れている	15
피리	笛	20

피부	肌、皮膚	15
피아노	ピアノ	20
피우다	吸うタバコを	15
피자	ピザ	11

ㅎ

～하고	～と	2
하나	一つ	7
하나도	全然、全く、一つも	17
하다	する	2
하루	一日	17
하얗다	白い	15
하지	夏至	13
학교	学校	2
학생	学生	1
학생 식당	学食、学生食堂	3
학생증	学生証	7
한 ～	一つの～	7
한 달	一ケ月	17
한 번도	一度も、一回も	17
한국말	韓国語	1
한글	ハングル	9
한일사전	韓日辞典	8
한자	漢字	6
～한테	～に	1
할머니	おばあさん、祖母	5
함께	一緒に、共に	20
합격	合格	13
합격하다	合格する	4
해외 여행	海外旅行	14
핸드폰	携帯電話	1
햄	ハム	11
행복하게	幸せに	12
헌옷	古着	13
헤어지다	別れる	13
형	兄、お兄さん	2
형용사	形容詞	18
호텔	ホテル	3
혼고	本郷	3
혼자	1人で	3

索引(韓→日)　151

혼자서	1人で	2
홋카이도	北海道	3
홍차	紅茶	9
화요일	火曜日	6
화장실	トイレ	14
확인하다	確認する	8
환전하다	両替する	15
환절기	季節の変わり目	17
회사원	会社員	2
후	後	14
후배	後輩	2
후에/뒤에	～の後に	17
후지산	富士山	3
훌륭하다	立派だ	19
휘파람	口笛	20
휴대폰	携帯電話	1
휴일	休日	9
흥미	興味	15

索引(日→韓)

＊PartⅡの第1課～第20課に出る語彙を収録。
数字は初出の課を示す。

あ

日本語	韓国語	課
合う	만나다	1
青い	파랗다	15
赤い	빨갛다	15
上がる	오르다	19
灯り	불	12
明るく	밝게	12
赤ん坊	아기	12
秋空	가을 하늘	15
開ける	열다	5
あげる、くれる	주다	5
朝	아침	4
あさって	모레	1
朝寝坊	늦잠	15
朝寝坊をする	늦잠을 자다	4
脚	다리	14
味	맛	17
あした	내일	1
あそこ	저기	3
暖かい	따뜻하다	2
新しい～	새 ～	9
新しく	새로	17
暑い	덥다	5
厚着をする	옷을 두껍게 입다	18
集まる	모이다	20
集める	모으다	8
後	후	14
後、後方	뒤	14
後片付け〈食事の後付け〉	설거지	18
後で	나중에	9
後で〈その日の内〉	이따가	5
後について、真似をして、従って	따라서	20
兄、お兄さん	오빠	2
兄、お兄さん	형	2
姉、お姉さん	누나	2
姉、お姉さん	언니	2
あの～	저 ～	1
甘い	달다	9
あまり、あまりにも	너무	13
あまり、それほど	별로	8
あまりにも、どれくらい	얼마나	18
雨が降る	비가 오다	4
雨の中	빗속	12
アメリカ、米国	미국	3
過ち	잘못	17
洗う	씻다	9
洗う、洗濯する	빨다	17
有り難い	고맙다	2
歩く	걷다	12
アルバイト	아르바이트	3
アルバイト	알바	3
安寧だ	안녕하다	1
安否	안부	3
いい	좋다	3
いいえ	아니요	2
家	집	1
家を建てる	집을 짓다	13
医学部	의학부	3
行き来する	다니다	16
イギリス、英国	영국	3
いくら	얼마	1
石	돌	14
医者	의사	5
椅子	의자	12
忙しい	바쁘다	4
急ぐ	서두르다	15
痛い	아프다	8
1	일	6
イチゴ	딸기	16
一度も、一回も	한 번도	17
一日	하루	17

1年生	일 학년	3	運動	운동	1
市場	시장	11	運動靴	운동화	17
一番, 最も	제일	13	エアコン	에어컨	18
いつ	언제	1	映画	영화	2
一ケ月	한 달	17	営業する	영업하다	8
一昨年	재작년	5	選ぶ	고르다	14
一緒に, 共に	함께	20	得る	얻다	12
五つ	다섯	7	演劇	연극	3
いつでも	언제라도	11	美味しい	맛이 있다	4
いつも	언제나	2	美味しい	맛있다	2
いつも, 常に	늘	11	美味しくない	맛없다	2
いとこ	사촌	12	多い	많다	2
いない, ない	없다	1	大きい	크다	8
田舎	시골	9	大きい声	큰 소리	5
犬	개	7	大きさ	크기	14
居眠りをする	졸다	6	大酒飲み	술고래	20
今	지금	1	お母様, お母さん	어머님	5
意味	뜻	14	お母さん, 母	어머니	5
意味	의미	4	お陰さまで	덕택에	13
妹	여동생	2	お陰で	덕분에	4
いらっしゃる	계시다	2	お菓子	과자	11
いる, ある	있다	1	おかず	반찬	10
色	색깔	10	お金	돈	9
インスタントコーヒー	인스턴트 커피	11	お金持ち	부자	10
ウォン	원	1	沖縄	오키나와	3
受ける, もらう	받다	12	お客さん	손님	5
歌	노래	5	起きる	일어나다	16
宇宙	우주	20	億	억	6
美しい	아름답다	10	送る	보내다	2
腕	팔	7	遅れる	늦다	8
奪う	빼앗다	13	幼い	어리다	18
生まれる	태어나다	17	おしえる	가르치다	12
海	바다	2	おじさん	아저씨	5
埋める	묻다	12	お食事	진지	5
羨ましい	부럽다	18	押す	밀다	10
売る	팔다	10	遅い	늦다	15
嬉しい	기쁘다	8	遅く	늦게	5
嬉しい, 懐かしい	반갑다	1	遅くまで	늦게까지	20
運転する	운전하다	15	驚く	놀라다	18
運転免許	운전 면허	17	お誕生日	생신	5

おっしゃる、お話になる	말씀하시다	5
夫	남편	5
お父様、お父さん	아버님	3
お父さん、父	아버지	5
弟	남동생	8
お年	연세	5
おととい	그저께	6
大人	어른	20
お腹	배	8
お腹が痛い	배가 고프다	8
お亡くなりになる	돌아가시다	5
お名前	성함	5
おばあさん、祖母	할머니	5
おばさん	아주머니	5
お話、お言葉	말씀	3
オペラ	오페라	19
お弁当	도시락	5
覚える	외우다	5
お目にかかる	뵙다	1
重い	무겁다	20
思う存分	마음껏	11
面白い	재미있다	3
面白くない	재미없다	8
お休みになる	주무시다	5
終わらせる、終わりにする	끝내다	14
音楽	음악	1
おんぶする	업다	12

か

～が	～가	1
～が	～께서	5
～が	～이	1
が、～だけれども	～지만	9
海外旅行	해외 여행	14
貝殻	조개껍데기	17
開業する	새로 문을 열다	17
外国	외국	11
外国人	외국인	9
改札口	개찰구	11
会社員	회사원	2
外出する	외출하다	14
買う	사다	1
顔	얼굴	20
価格	가격	19
書き止める、書く	적다	12
～が嫌いだ	～를/을 싫어하다	4
書く	쓰다	8
学食、学生食堂	학생 식당	3
学生	학생	1
学生証	학생증	7
カクテル	칵테일	8
確認する	확인하다	8
駆けあがる	치닫다	12
かける	걸다	1
家事	집안일	11
かじかむ	곱다	10
歌手	가수	20
～が生じる、～ができる	～가/이 생기다	15
貸す	꾸다	16
～が好きだ	～를/을 좋아하다	4
風	바람	3
風邪を引く	감기가 들다	15
風邪を引く	감기에 걸리다	13
家族	가족	1
家族旅行	가족 여행	13
～方	～분	1
肩	어깨	7
学校	학교	2
格好よい	멋있다	19
カップラーメン	컵라면	11
家庭教師	가정교사	3
悲しい	슬프다	8
必ず	꼭	5
鞄	가방	4
髪の毛、頭	머리	1
カメラ	카메라	14
科目	과목	4
火曜日	화요일	6
～から	～부터	4
～から	～에서	3

日本語	韓国語	課
～から、～ので、～すると、～したら	～(으)니까	15
辛い	맵다	10
ガラス窓	유리창	15
～がる	～아/어하다	13
軽い	가볍다	16
カレーライス	카레라이스	17
川	강	12
可愛がる	예뻐하다	18
変わる	바뀌다	17
韓国語	한국말	1
漢字	한자	6
感謝する	감사하다	2
関心	관심	15
完全に	완전히	13
簡単だ	간단하다	2
韓日辞典	한일사전	8
黄色い	노랗다	15
気温	기온	9
起業家	기업가	9
聴く、聞く	듣다	1
危険だ、危ない	위험하다	15
寄宿舎、寮	기숙사	3
傷	상처	13
季節	계절	4
季節の変わり目	환절기	17
ギター	기타	9
汚い	더럽다	15
気づく	깨닫다	12
切手	우표	8
きのう	어제	6
キムチ	김치	5
キムチチゲ	김치찌개	10
9	구	6
休日	휴일	9
90〈固有数詞〉	아흔	7
急に	갑자기	18
牛肉	쇠고기	16
急用	급한 볼일	15
給料、月給	월급	20
今日	오늘	2
教科書	교과서	7
教室	교실	8
教授	교수	19
強風	강풍	9
興味	흥미	15
曲	곡	15
去年、昨年	작년	16
着る	입다	18
きれいだ	곱다	10
きれいだ	깨끗하다	3
きれいだ	예쁘다	8
銀行	은행	3
銀行員	은행원	5
近所	근처	11
銀杏	은행	11
金曜日	금요일	6
空気	공기	8
グーグル	구글	4
空港	공항	12
薬	약	6
薬を飲む	약을 먹다	6
果物	과일	4
口笛	휘파람	20
靴	구두	4
～くてはならない、～してはいけない	～(으)면 안 되다	6
～くなる	～아/어지다	13
国	나라	3
区分	구분	2
～くらい、～頃	～쯤	7
栗	밤	20
来る	오다	1
車	차	15
黒い	까맣다	15
景色	경치	10
経済学部	경제학부	3
警察	경찰	12
携帯電話	휴대폰	1
携帯電話	핸드폰	1
形容詞	형용사	18

日本語	韓国語	課
ケーキ	케이크	5
K-POP	케이 팝	14
夏至	하지	13
消す	끄다	8
結果	결과	17
結構だ、構わない	상관없다	11
結構だ、構わない、大丈夫だ	괜찮다	2
結婚	결혼	17
欠席する	결석하다	4
月曜日	월요일	6
管弦楽	관현악	9
研究者	연구자	9
健康だ	건강하다	14
言語学	언어학	9
原作	원작	20
見物	구경	3
見物する	구경하다	14
～個、～つ	～개	7
5	오	6
濃い	진하다	13
子犬	강아지	18
恋人	애인	2
公園	공원	7
郊外	교외	15
合格	합격	13
合格する	합격하다	4
高校生	고등학생	8
公衆電話	공중전화	6
こうだ	이렇다	15
紅茶	홍차	9
後輩	후배	2
紅葉する	단풍이 들다	13
コーヒー	커피	7
コーラ	콜라	20
故郷	고향	1
漕ぐ	젓다	13
国際電話	국제 전화	2
ここ	여기	3
午後	오후	7
九つ	아홉	7
心、真心	마음	19
小雨	가랑비	20
ご自宅	댁	5
50〈固有数詞〉	쉰	7
午前	오전	7
古典文学	고전 문학	11
今年	올해	16
異なる	다르다	14
子供	어린이	18
子供達	아이들	10
このような～	이런 ～	10
ご飯、飯	밥	5
ご飯を炊く	밥을 짓다	13
コピー	카피	12
駒場	고마바	3
ゴミ箱	쓰레기통	14
ご両親、両親	부모님	5
これから	앞으로	1
転ぶ	넘어지다	15
怖い	무섭다	13
コンビニ	편의점	1
コンピュータ	컴퓨터	7

さ

日本語	韓国語	課
さあー、そうですね	글쎄요	16
サークル	동아리	9
～歳	～살	7
～歳	～세	7
再確認	재확인	14
最近、この頃	요즘	4
財布	지갑	14
探す	찾다	11
魚	물고기	12
魚	생선	4
さきおとつい	그끄저께	6
昨夜	어젯밤	3
酒	술	2
差し上げる	드리다	5
～冊	～권	7
サッカー	축구	4

日本語	韓国語	課
さっき	아까	17
雑誌	잡지	4
雑談する	잡담하다	15
寂しい	쓸쓸하다	13
サムゲタン	삼계탕	20
皿	접시	18
触る	만지다	12
3	삼	6
30〈固有数詞〉	서른	7
3年生	삼 학년	3
残念だ、残念に思う	섭섭하다	13
散髪をする	머리를 깎다	17
散歩	산책	11
散歩する	산책하다	16
〜時	〜시	7
しあさって	글피	6
幸せに	행복하게	12
〜しか	〜밖에	16
時間	시간	1
時間がかかる	시간이 걸리다	9
時期	시기	17
試験	시험	11
時刻	시각	15
仕事	일	8
仕事をする、働く	일하다	2
詩集	시집	9
辞書を引く	사전을 찾다	4
詩人	시인	16
地震	지진	13
静かだ	조용하다	3
〜した後に	〜ㄴ/은 후에/뒤에	17
〜したい	〜고 싶다	9
自体	자체	14
時代	시절	18
時代劇	사극	9
従う	따르다	14
〜したがる	〜고 싶어하다	9
〜したことがある・ない	〜ㄴ/은 적이 있다/없다	17
〜したりする、〜するかする	〜거나	11
湿気	습기	16
室内楽	실내악	9
実力	실력	17
失礼	실례	9
失礼する	실례하다	9
失礼ですが	실례지만	5
指定詞	지정사	19
〜してから	〜ㄴ/은 지	17
〜してしまう	〜아/어 버리다	13
〜してもいい、〜くてもいい 〜아도/어도/해도 되다/좋다/괜찮다		14
自転車	자전거	4
〜しない、〜くない	안 〜	8
〜しない、〜くない	〜지 않다	8
市内	시내	8
〜しながら	〜(으)면서	12
〜しなければいけない、〜でなければならない 〜아야/어야/해야 되다/하다		14
品物	물건	9
〜しにくい、〜するのが困難だ	〜기 어렵다	16
死ぬ	죽다	5
支払う	치르다	14
渋谷区	시부야구	3
自分で、自ら	스스로	20
〜しましょう	〜ㅂ/읍시다	11
〜しましょうか、〜でしょうか	〜ㄹ/을까요?	10
〜しますから	〜ㄹ/을게요	20
閉める	닫다	12
視野	시야	15
社会人	사회인	20
写真	사진	6
ジャズ	재즈	9
〜しやすい、〜しがちだ	〜기 쉽다	16
〜しやすい、〜するのにいい	〜기 좋다	16
社長	사장	9
社長さん	사장님	5
ジャム	잼	16
シャワー	샤워	9
シャワーを浴びる	샤워를 하다	17
10	십	6
10月	시월	6

週刊	주일	17
集合	집합	14
住所	주소	5
就職する	취직하다	11
就寝	취침	17
十分	충분히	15
周辺、周囲	주위	16
週末	주말	2
授業	수업	6
授業中	수업중	6
授業を受ける	수업을 받다	17
宿題	숙제	11
宿題をする	숙제하다	3
出勤	출근	17
出国	출국	17
出身	출신	3
出席	출석	14
出席を取る	출석을 부르다	14
出発する	출발하다	14
趣味	취미	1
準備	준비	17
準備する	준비하다	15
紹介する	소개하다	3
正午	정오	7
上手だ	잘하다	5
小説	소설	3
焼酎	소주	9
～しようと思う、～するつもりだ ～(으)려고 하다		11
商品	상품	3
丈夫だ	튼튼하다	4
照明	조명	17
将来	장래	13
ジョギング	조깅	4
職業	직업	3
食事	식사	4
書店	서점	10
調べる	찾다	4
資料	자료	8
白い	하얗다	15
新幹線	신칸센	1
新宿区	신주쿠구	3
信じる	믿다	12
親戚	친척	8
親切だ	친절하다	3
心配する	걱정하다	18
新聞配達	신문 배달	3
水泳	수영	16
随筆	수필	9
水曜日	수요일	6
吸う〈タバコを〉	피우다	15
数学	수학	4
過ぎる	지나다	13
梳く〈櫛で〉	빗다	13
すぐ	곧	14
すぐ	금방	9
少ない	적다	3
少しずつ	조금씩	14
寿司	초밥	1
涼しい	선선하다	2
涼しい	시원하다	16
スター	스타	19
すでに	벌써	14
すでに	이미	15
即ち	즉	17
スパゲッティ	스파게티	11
スプーン	숟가락	4
スペイン	스페인	3
滑りやすい	미끄럽다	15
スポーツ	스포츠	19
ズボン	바지	14
すまない	미안하다	6
住む、暮らす、生きる	살다	1
すらりとしている	날씬하다	18
する	하다	2
～するかも知れない、～であるかも知れない		
	～지도 모르다	19
～するから、～なので〈理由〉		
	～기 때문에	16
～することができる・できない		
	～ㄹ/을 줄 알다/모르다	20

日本語	韓国語	課
〜することにする・決める・約束する 〜기로 하다/정하다/약속하다		16
〜することもある、〜したりする 〜기도 하다		16
〜するために〈目的〉	〜기 위해서	16
〜するつもりです、〜するでしょう 〜ㄹ/을 거예요.		10
〜するつもりですか	〜ㄹ/을 거예요?	10
〜する時に	〜ㄹ/을 때	17
〜するようだ、〜であるようだ 〜 것 같다		19
政治	정치	19
誠実だ、真面目だ	성실하다	19
成人	성인	15
精神的	정신적	19
生年月日	생년월일	6
整理する	정리하다	8
背が高い	키가 크다	15
背丈	키	8
絶対、絶対に	절대로	16
説明	설명	2
説明する	설명하다	8
狭い	좁다	2
ゼロ、零	공	6
千	천	1
線	선	13
前回の、この前の	지난번	20
専攻	전공	3
先週末	지난주 말	9
先生	선생님	1
全然、全く	전혀	8
全然、全く、一つも	하나도	17
選択	세탁	9
先輩	선배	2
専門家	전문가	20
掃除、清掃	청소	3
そうだ	그렇다	15
そうだけれども	그렇지만	4
相当	상당히	9
ソウル	서울	1
ソウル大学	서울대학교	9
ソーセージ	소시지	11
そして	그리고	3
注ぐ	붓다	13
外	밖	13
そのまま	그냥	16
そびえる	솟다	13
祖父母さま	조부모님	5
それで	그래서	4
それほど、そんなに	그다지	10
存在詞	존재사	19

た

日本語	韓国語	課
〜だ	〜이다	1
〜台	〜대	7
大学院	대학원	3
大学生	대학생	2
大歓迎	대환영	11
退屈だ	심심하다	11
大震災、大地震	대지진	16
退社	퇴근	17
台所	부엌	13
タイムカプセル	타임 캡슐	12
だく抱く	안다	12
タクシー	택시	14
〜だけ、〜ばかり	〜만	16
出す	내다	12
出す、送る	부치다	15
尋ねて行く	찾아가다	17
尋ねる	묻다	12
立ち寄る	들르다	9
立つ	서다	12
楽しく	즐겁게	10
頼む、願う	부탁하다	1
タバコ	담배	4
多分、おそらく	아마	10
食べ物、料理	음식	2
食べる、飲む	먹다	1
便り	소식	19
誰	누구	1

誰が	누가	4
誰でも	누구라도	11
誰も	아무도	8
誰を、誰に〈누구를の縮約形〉	누굴	4
誰を、誰に	누구를	4
単語	단어	11
単語帳	단어장	5
単純だ	단순하다	19
誕生日	생일	1
だんだん	점점	13
担当	담당	7
単なる	단순한	19
小さい	작다	3
チェジュド〈済州島〉	제주도	16
地下鉄	지하철	4
遅刻する	지각하다	15
地図	지도	14
地方	지방	19
中学生	중학생	8
中国	중국	3
昼食	점심	4
注文する	시키다	10
兆	조	6
朝刊	조간	11
朝食	아침	17
貯蓄	저축	16
ちょっと、少し	좀	1
散る	지다	12
疲れている	피곤하다	15
～月	～월	6
机	책상	7
作る	만들다	2
作る	짓다	13
点ける	켜다	12
伝える	전하다	3
土	땅	13
頭痛	두통	15
勤める	다니다	3
つなぐ	잇다	13
つもり、考え、思い	생각	17

強い	세다	2
手	손	9
～で	～(으)로	1
～て、～し	～고	9
～で、～にて	～에서	3
～てあげる、～てくれる	～아/어 주다	12
～であるだろうから、～するつもりだから		
	～ㄹ/을 테니까	18
～であるのか	～ㄴ/은지	18
～であれば、～だったら、～なら		
	～(이)라면	6
～であれば、～だったら、～なら		
	～(이)면	6
定刻、定時	정각	7
定時	제시간	15
定食	정식	4
邸宅	저택	10
定年	정년	7
停留場	정류장	11
～ている	～고 있다	3
～ている	～아/어 있다	12
デート	데이트	12
手紙を出す	편지를 부치다	15
できない	～지 못하다	8
できない	못 ～	4
できるだけ	될수록	11
～てくださいますか	～아/어 주시겠어요?	12
手首	손목	7
～です。	～예요.	1
～です。	～이에요.	1
～ですか。	～예요?	1
～ですか。	～이에요?	1
～ですが、～ますが	～ㅂ/습니다만	9
手伝う、助ける	돕다	10
手続き	수속	17
デパート	백화점	9
～ではない	～가/이 아니다	2
～てみる	～아/어 보다	12
～でも	～(이)라도	11
点	점	13

索引(日→韓)　161

天気	날씨	2
展示品	전시품	15
電車	전차	4
電車、電鉄	전철	1
電話	전화	1
電話番号	전화 번호	5
〜と	〜(이)랑	2
〜と	〜과	2
〜と	〜와	2
〜と	〜하고	2
〜と言う	〜(이)라고 하다	1
トイレ	화장실	14
十	열	7
どういたしまして	천만에요	2
東京	도쿄	3
動詞	동사	17
どうして、なぜ	왜	4
どうだ	어떻다	9
到着	도착	15
動物	동물	19
当分の間	당분간	19
道路	도로	18
遠い	멀다	9
時々	종종	11
読書	독서	9
時計	시계	15
どこ	어디	1
どこで	어디서	1
どこでも	어디라도	11
どこにも	아무데도	8
ところで、	그런데	3
とし	나이	5
図書館	도서관	1
とても、非常に	참	19
届く、到着する	도착하다	10
どなた	어느분	5
隣、横	옆	18
どのように、どういうふうに	어떻게	4
友達	친구	1
土曜日	토요일	6
ドラマ	드라마	5
取り消す	최소하다	8
努力する	노력하다	16
撮る	찍다	6
取る〈資格などを〉	따다	17
どんな〜	어떤 〜	3

な

内容	내용	18
治る	낫다	13
中	안	8
ながい長い	길다	1
長い間	오랫동안	17
長い時間	오랜 시간	15
なくなる	없어지다	17
夏	여름	4
7	칠	6
70〈固有数詞〉	일흔	7
七つ	일곱	7
何〈무엇の縮約形〉	뭐	1
何も	아무것도	8
何を	무엇을	4
何を	뭘	1
名前	이름	1
生ゴミ	부엌 쓰레기	13
生ビール	생맥주	12
何でも	무엇이라도	11
何でも〈무엇이라도の縮約形〉	뭐라도	11
何日	며칠	6
何人	몇 사람	5
何年生	몇 학년	3
何の〜	무슨 〜	1
何名様	몇 분	5
〜に	〜께	5
〜に	〜에	3
〜に	〜에게	5
〜に	〜한테	1
2	이	6
〜に会う	〜를/을 만나다	4
ニキビ	여드름	13

肉	고기	4
20〈固有数詞〉	스물	7
２０の～	스무 ～	7
～日	～일	6
日曜日	일요일	6
日韓辞典	일한사전	8
日記	일기	8
～になる	～가/이 되다	12
2年生	이 학년	3
～に乗る	～를/을 타다	4
日本	일본	2
～にも	～에도	2
荷物	짐	10
荷物を受け取る	짐을 찾다	11
入学	입학	17
ニュース	뉴스	14
ニューヨーク	뉴욕	3
～人分、～人前	～인분	7
脱ぐ	벗다	13
ネーテイブ	네이티브	20
値切る	깎다	16
猫	고양이	7
値段	값	1
値段が高い	비싸다	3
熱心に	열심히	4
眠り、睡眠	잠	15
寝る	자다	3
～年	～년	6
の後に	후에/뒤에	17
農学部	농학부	3
ノート	공책	12
のこる	남다	16
載せる	싣다	12
～ので、～して	～아서/어서/해서	15
～の中に、～の中で	～ 가운데	17
伸びる	늘다	17
～の前に	～전에	17
飲む	마시다	5
～のように、～ほどに	～처럼	20
海苔巻き	김밥	9

は

～は	～께서는	5
～は	～는	1
～は	～은	1
はい	네	2
はい	예	1
～杯	～잔	7
入ってくる	들어오다	15
測る	재다	18
履く	신다	9
運ぶ、移す	옮기다	20
箸	젓가락	14
初めて、初め	처음	1
場所	장소	20
走る	뛰다	15
バス	버스	1
恥ずかしい	수줍다	10
パスポート	여권	14
肌、皮膚	피부	15
8	팔	6
80〈固有数詞〉	여든	7
発音	발음	3
発音する	발음하다	6
発表	발표	7
初雪	첫눈	17
話、言葉	말	5
話す	얘기하다	2
話す、言う	말하다	5
花屋	꽃집	14
離れる	떠나다	17
パパ	아빠	13
ハム	햄	11
早い	이르다	14
速い、早い	빠르다	14
早く、早めに	일찍	5
春休み	봄방학	2
晴れる	맑다	18
半	반	7
～番、～回	～번	7

索引(日→韓)

パン	빵	10	昼間	낮	7
ハングル	한글	9	昼休み	점심 시간	7
番号	번호	6	広い	넓다	2
半時間、30分	반시간	15	拾う	줍다	11
半年	반 년	17	広場	광장	20
万物	만물	19	不安だ	불안하다	13
火	불	8	笛	피리	20
ピアノ	피아노	20	吹く	불다	9
ビール	맥주	9	服	옷	9
〜匹、〜羽、〜頭	〜마리	7	複雑だ	복잡하다	2
引き出し	서랍	8	復習	복습	2
引く	긋다	13	プサン〈釜山〉	부산	3
弾く	치다	9	富士山	후지산	3
飛行機	비행기	4	二つ	둘	7
ビザ	사증	14	二つの〜	두 〜	7
ピザ	피자	11	豚肉	돼지고기	16
久しぶりだ	오래간만이다	4	2文字	두 자	19
久しぶりに	오래간만에	15	二人	둘	18
久々の	모처럼의	15	二人で	둘이서	20
びっくりする	깜짝 놀라다	18	部長さん	부장님	5
引っ越し	이사	10	太い	굵다	18
引っ越して行く	이사 가다	14	船	배	13
引っ張る	끌다	18	冬	겨울	4
人、ひと	사람	2	フランス	프랑스	3
一つ	하나	7	降る	내리다	17
一つの〜	한 〜	7	古着	헌옷	13
一晩中	밤새	15	プルゴギ	불고기	7
一目ぼれする	첫눈에 반하다	18	プレゼント、贈り物、お土産	선물	5
1人で	혼자	3	〜分	〜분	7
1人で	혼자서	2	文学部	문학부	3
美男	미남	14	文京区	분쿄구	3
ビビンバ	비빔밥	4	文章	문장	5
秘密	비밀	5	平日	평일	8
紐	끈	13	ページ	페이지	7
百	백	6	下手だ	잘 못하다	5
〜秒	〜초	7	ベット	침대	12
病気	병	19	ベトナム	베트남	3
昼	점심	7	部屋	방	2
昼寝	낮잠	3	減る	줄다	12
昼寝をする	낮잠을 자다	11	勉強	공부	2

勉強する	공부하다	1
弁護士	변호사	5
便利だ	편리하다	3
法学部	법학부	3
ボート	보트	17
ボーリング	볼링	4
ボールペン	볼펜	6
埃	먼지	15
細い	가늘다	18
北海道	홋카이도	3
ホテル	호텔	3
～ほど、～と同じ程度に	～만큼	20
ぼやけている	부옇다	15
ボランティア	자원 봉사자	17
惚れる	반하다	18
～本	～병	7
本	책	1
本郷	혼고	3
本当に	정말	20

ま

毎日	매일	1
前	앞	12
前	전	6
前は	전에는	3
曲がっている	굽다	10
混ぜる	비비다	4
また	또	15
まだ	아직	12
街	거리	13
～まで	～까지	7
窓	창	11
窓	창문	5
ママ	엄마	13
まるごと	통째로	13
まれに	드물게	16
まわる回る	돌다	17
万	만	6
漫画	만화	11
短い	짧다	2

水	물	2
店	가게	17
店	집	15
未成年者	미성년자	19
見せる	보이다	12
道	길	10
三つ	셋	7
三つの～	세 ～	7
名字	성	19
見る、観る	보다	2
皆, 全て, 完全に	다	13
昔	옛날	8
虫	벌레	13
むしろ	오히려	13
難しい	어렵다	10
六つ	여섯	7
無理	무리	15
無理をする	무리하다	18
～名	～명	5
～名様	～분	7
メール、文字	문자	8
眼鏡	안경	19
メキシコ	멕시코	3
目黒区	메구로구	3
召し上がる	잡수시다	5
召し上がる、お飲みになる	드시다	5
面	면	13
免税店	면세점	9
～も	～께서도	5
～も	～도	2
もう、そのぐらいで	그만	13
申し上げる	말씀드리다	5
もうし訳ない	죄송하다	6
木曜日	목요일	6
持ち歩く	들고 다니다	16
もちろん	물론	20
持つ	들다	9
もっと	더	4
戻る	되돌아가다	18
ものすごく	너무 너무	8

日本語	韓国語	課
門、扉、ドア	문	17
モンゴル	몽골	3
問題	문제	2

や

日本語	韓国語	課
～や、～か、～または、～あるいは	～(이)나	11
焼く	굽다	10
約束	약속	8
約束する	약속하다	16
夜景	야경	19
野菜	야채	4
易しい	쉽다	10
安い	싸다	2
八つ	여덟	7
弥のあさって	그글피	6
ヤフー	야후	4
山	산	2
辞める	그만두다	17
柔らかい	부드럽다	16
夕方	저녁	7
夕食	저녁	2
郵便局	우체국	7
有名だ	유명하다	19
ゆっくり	천천히	18
良い、いい	낫다	13
よく	잘	1
よく、しょっちゅう、しばしば	자주	3
よこたわる 横たわる	눕다	10
予習	예습	2
四つ	넷	7
四つの～	네 ～	7
予定日	예정일	17
4年生	사 학년	3
呼ぶ	부르다	14
読む	읽다	1
予約する	예약하다	8
余裕	여유	19
より少なく	덜	16
～よりは/も	～보다는/도	16
夜	밤	7
夜の0時	자정	7
喜ぶ	기뻐하다	15
4	사	6
40〈固有数詞〉	마흔	7

ら

日本語	韓国語	課
～ら、～達	～들	2
ラーメン	라면	1
来月	내달	13
ラジオ	라디오	12
理解する	이해하다	15
理工学部	이공학부	3
立派だ	훌륭하다	19
理由	이유	8
留学しに行く、留学する	유학을 가다	16
留学する	유학하다	9
留学生	유학생	2
流行する、はやる	유행하다	20
流暢だ	유창하다	19
量	양	4
了解する	양해하다	15
両替する	환전하다	15
両親、父母	부모	5
料理	요리	11
零、ゼロ	영	6
霊長	영장	19
冷麺	냉면	11
歴史	역사	4
歴史の本	역사책	10
レストラン	레스토랑	4
～れば、～たら、～すると	～(으)면	6
～ればいい、～たらいい	～(으)면 되다	6
レポート	리포트	7
レモン	레몬	15
練習	연습	5
練習する	연습하다	14
連体形	연체형	17
連用形	연용형	12
連絡	연락	15
連絡する	연락하다	15

6	육	6
6月	유월	6
60〈固有数詞〉	예순	7
論文	논문	6

わ

若者	젊은이	18
分からない、知らない	모르다	4
分かる、知っている	알다	4
別れる	헤어지다	13
忘れてしまう	잊어버리다	9
忘れる	잊다	13
私	저	1
私の〜	제 〜	1
笑う	웃다	3
我々、我々の	우리	6
〜を	〜를	1
〜を	〜을	1
〜をしていて、〜をする途中	〜다가	14
〜をしに、〜をするために	〜(으)러	11

金東漢(キム・トンハン)

韓国ソウル生まれ。東京大学准教授。
一橋大学講師、NHKラジオハングル講座入門編・応用編講師などを歴任。
著書に、『韓国語レッスン初級』Ⅰ&Ⅱ、『韓国語レッスン初級』Ⅰ&Ⅱの『問題集』
(以上スリーエーネットワーク)、『ことわざと四字熟語で楽しむハングル日常会話』
(NHK出版)、『韓国語基本単語 プラス2000』(語研)、など。

大学韓国語 演習

2013 年 11 月 25 日　初版発行

著　者　　金東漢
発行者　　佐藤康夫
発行所　　株式会社　白 帝 社
　　　　　〒171-0014 東京都豊島区池袋 2-65-1
　　　　　電話 03-3986-3271　FAX 03-3986-3272
　　　　　http://www.hakuteisha.co.jp
組版　　　世正企劃
印刷　　　平文社　　製本　若林製本

表紙デザイン　　シンプルデザイン

Printed in Japan〈検印省略〉　　ISBN978-4-86398-154-6
　　　　　　　　　　　　　　　＊定価は表紙に表示してあります。